Beate Tschirch

ZAUBER DER ZUKUNFT

Rauhnächte

Beate Tschirch

ZAUBER DER ZUKUNFT

ZUKUNFT

Rauhnächte

Dein Begleiter
mit 12 kraftvollen
Natur-Ritualen, die Licht in
die Dunkelheit bringen

EMF

EIN BUCH DER
EDITION MICHAEL FISCHER

INHALT

In den Rauhnächten kommst
du nach Hause   6

Wie du dieses Buch nutzen kannst   8

Grundlagen   9
Die Natur als Orientierung   10
Alles ist eingewoben in einen
magischenw Zyklus   11
Die Dunkelheit als Zeit der
Stille und Ruhe   14
Eine Zeit für dich   17
Ein Platz nur für dich   18
Rituale als magische Unterstützung   19

Die Sperrnächte   21
Lass los, um Neues zu empfangen   23
Ritual in den Sperrnächten:
Das Alte verabschieden   25
Unterstützung aus der Natur   27
Meditation Ausruhen   28
Räuchern   29
Energetische Hausreinigung   34

Das Julfest   35
Die Magie der Wintersonnenwende   36
Die Bedeutung der
Wintersonnenwende für dich   38
Entzünde das Licht   39
Julklotz   41
Meditation zum Julfest   42
Unterstützung aus der Natur   44

Magische Rauhnächte   45
Eine Pause, bevor es weitergeht   46
Woher kommt das Arbeitsverbot
in den Rauhnächten?   48
Alte überlieferte Bräuche
in den Rauhnächten   50
Zwiebelorakel   51
Wann genau sind die Rauhnächte?   52
Rauhnächte – Bedeutung für dich   53
Zeit des Orakelns   54
13 Wünsche (25.12.–5.1.)   55
Deine Orakelzeit   56
Unterstützung aus der Natur   60
Dein Zauber beginnt   62
Zutaten für die Rauhnachtsrituale   63

Entdecke wundervolle Zusatzmaterialien zum Buch und gehe noch mehr in Verbindung mit deiner Seele. Scanne dafür den QR-Code oder gib diesen Link in die Adresszeile deines Browsers ein:

https://beatetschirch.de/zauber-der-zukunft/

ERSTE RAUHNACHT
65

ZWEITE RAUHNACHT
75

DRITTE RAUHNACHT
85

VIERTE RAUHNACHT
95

FÜNFTE RAUHNACHT
105

SECHSTE RAUHNACHT
115

SIEBTE RAUHNACHT
125

ACHTE RAUHNACHT
135

NEUNTE RAUHNACHT
145

ZEHNTE RAUHNACHT
155

ELFTE RAUHNACHT
167

ZWÖLFTE RAUHNACHT
179

**Flieg hinein in den
Zauber deiner Zukunft**
189

Über die Autorin
191

In den Rauhnächten kommst du nach Hause

Es ist etwas Besonderes an der Zeit im Dezember, wenn die Tage immer kürzer werden und die Nächte länger. Eine Atmosphäre der Vorfreude liegt in der Luft, während wir uns auf die Feiertage vorbereiten und das Jahr Revue passieren lassen. Ich liebe es, durch die Straßen zu schlendern und das Funkeln der Weihnachtslichter zu bewundern. Ich genieße es, Geschenke für meine Lieben auszusuchen, mein zu Hause zu schmücken und wohlschmeckende Plätzchen zu backen. Aber am meisten liebe ich es, mich einzukuscheln und zu erinnern. Schon in meiner Kindheit saß ich bei meinen Großeltern im Sessel und hörte den schaurig schönen Geschichten meines Großvaters zu. Seine Stimme war tief und beruhigend, seine Erzählungen spannend und fesselnd. Ich konnte stundenlang zuhören und mich in den Geschichten verlieren. Es waren immer Geschichten, bei denen du nicht wusstest: Sind sie wahr, sind sie frei erfunden oder liegen sie irgendwo dazwischen? Ich war fasziniert von seinen Erzählungen über Frau Holle, der Anderswelt mit den guten und bösen Geistern und der großen alles Leben schenkenden Urmutter. Seine Worte waren so lebendig, dass ich das Gefühl hatte, direkt dabei zu sein. Und wenn er dann noch eine seiner selbstgemachten Räuchermischungen aus dem Schrank holte und mich einen Dufttest machen ließ, war ich vollends verzaubert. Mitten in der Nacht weckte er mich auf, um mit mir – ich war nur mit einem Nachthemdchen bekleidet – über den Dachboden zu schleichen und zu kontrollieren, ob auch keine Wäsche aufgehängt wurde. Dann entzündeten wir gemeinsam das wohlduftende Räucherwerk und leise murmelte er uralte Gebete und Segenssprüche. Es war eine Zeit voller Magie und Mystik, in der ich mich geborgen fühlte. Die

Zeit zwischen den Jahren war für meinen Großvater und mich eine besondere Zeit, in der wir gemeinsam Rituale durchführten und uns auf das kommende Jahr vorbereiteten. Seine Weisheit und sein Wissen über die Naturheilkunde beeindruckten mich immer wieder aufs Neue. Gemeinsam tauchten wir in eine andere Welt und ließen die Seele baumeln.

Ich erinnere mich noch genau an eine Nacht in den Rauhnächten, als wir gemeinsam am Feuer saßen und über unsere Wünsche für das kommende Jahr sprachen. Er sagte zu mir: *„Denke immer daran, in den Rauhnächten kehrst du zurück zu deiner Seele! Wenn du ganz leise bist, kannst du hören, was sie dir über das neue Jahr erzählen möchte."* Diese Worte haben sich tief in meinem Herzen eingeprägt.

Auch heute noch denke ich oft an diese besondere Zeit zurück und fühle Dankbarkeit, dass ich solch einen wunderbaren Menschen kennenlernen durfte. Sein Einfluss auf mein Leben war enorm – er hat meine Sichtweise auf die Welt geprägt und mir gezeigt, wie wichtig es ist, im Einklang mit dem Rhythmus der Natur zu leben. Inzwischen sind viele Jahre vergangen seit unseren gemeinsamen Rauhnachts-Ritualen. Doch die Weisheiten begleiten mich bis heute durchs Leben – und mit diesem Buch möchte ich dich mitnehmen in diese zauberschöne Welt ... Ich werde dir zeigen, wie du selbst die Rauhnächte gestalten und in dein Leben integrieren kannst. Denn ich bin überzeugt davon, dass jeder Mensch von der Kraft dieser Zeit profitieren kann – egal ob jung oder alt, Mann oder Frau. Lass uns gemeinsam auf eine Reise gehen zu den Wurzeln deiner Seele und dabei die Magie des Lebens entdecken!

Wie du dieses Buch nutzen kannst

Dieses Buch begleitet dich durch die zauberhafte Zeit im Dezember. Ich erzähle dir hier von den Sperrnächten, dem Julfest und natürlich den Rauhnächten, der Zeit, in der du den Samen für deine Zukunft säst. Lass dich mitnehmen in die Welt der Mythen, erhalte ein Verständnis für das Leben deiner Ahnen und trau dich dann, das alte Wissen für dich selbst neu zu interpretieren.

Dieses Buch inspiriert dich dazu, deine Bedürfnisse, Träume und Leidenschaften zu erkunden und dich auf dein Innerstes zu konzentrieren. Du wirst Fragen beantworten, die du dir bisher vielleicht noch nie gestellt hast. In diesem Buch hast du zudem die Möglichkeit, all das festzuhalten, was dir in den Rauhnächten begegnet. Du kannst deine Vorahnungen und Träume notieren oder ein Bild malen, das dich inspiriert. Das Buch unterstützt dich dabei, deine Erlebnisse, Eindrücke und Entscheidungen wie einen Schatz zu bewahren – weit über die Feiertage hinaus. Es wird später im Jahr zu einem treuen Begleiter und Ratgeber und wird dir helfen, die kommenden Monate zu planen und dich auf deinem Weg zu unterstützen.

Darüber hinaus verbergen sich hinter dem eingebauten QR-Code eine wundervolle Playlist, die dich zum Träumen verführt, einige Meditationen, die dir dabei helfen, innere Ruhe zu entdecken, und ein paar verborgene Schätze, die nur darauf warten, von dir entdeckt zu werden.

Grundlagen

Die Natur als Orientierung

Je mehr Menschen sich mit den Geheimnissen der Rauhnächte auseinandersetzen, desto vielfältiger sind auch die Interpretationen und Auslegungen von Beginn, Ende und Gestaltung dieser heiligen zwölf Nächte im Dezember. Trotz der unterschiedlichen Überlieferungen und Variationen wird deutlich, dass es unseren Vorfahren nicht primär um ein exaktes Datum für den Beginn und das Ende der Rauhnächte ging. Vielmehr lag und liegt der Fokus auf der Verbindung mit der Natur und dem Orientieren an ihr zum Abschluss des Jahres. Diese Verbindung war und ist von großer Bedeutung und trug zur spirituellen Erfahrung bei.

Indem auch wir wieder beginnen uns an den natürlichen Rhythmen zu orientieren, die uns die Natur schenkt, können wir lernen, wieder in Einklang mit unserer Umgebung zu leben. In vielen Kulturen wurden während der dunklen Zeit im Jahr verschiedene Rituale durchgeführt. Diese dienten dazu, sich von altem Ballast zu befreien oder Glück für das neue Jahr anzuziehen.

Auch heute noch gibt es zahlreiche Bräuche rund um die heiligen Nächte im Dezember. Egal, ob man diese Traditionen pflegt oder nicht, eines steht fest:

Die Verbindung mit der Natur kann uns dabei helfen, unser Leben bewusster und erfüllter zu gestalten. Inmitten der Dunkelheit des Winters findest du beim Betrachten der Natur neue Inspiration und Kraft. Dunkelheit muss nicht bedrohlich sein. Wenn du dich ihr hingibst und in dich hineinspürst, wirst du überrascht sein, welche Geheimnisse sie offenbart. Die Stille und Ruhe der Natur kann dir helfen, deinen Geist zu beruhigen und deine Gedanken zu ordnen.

Alles ist eingewoben in einen magischen Zyklus

Vielleicht bist du noch nicht mit den Rauhnächten, dem Julfest und den Sperrnächten vertraut oder hast dich noch nicht intensiv damit auseinandergesetzt. Doch sicherlich hast du bemerkt, dass jede Jahreszeit ihre ganz eigene Qualität hat. So trägst du im Sommer kurze Hosen oder Röcke und springst gerne in den Badesee, während du im Herbst beginnst, dich mit Decken einzukuscheln und es dir in deinem Zuhause gemütlich zu machen. Ob du den Kalender im Blick hast oder nicht, dein Körper und Geist richten sich intuitiv nach dem Rhythmus der Natur. Genau dieser Rhythmus der Jahreszeiten hat die Menschen in unseren Breitengraden schon immer fasziniert und interessiert, da er ausschlaggebend für das Leben und Überleben der Menschen war. Abhängig von den jährlich wiederkehrenden Wetterbedingungen wie zum Beispiel dem Zeitpunkt des ersten Frostes oder dem Schmelzen des Schnees, wurden die Phasen des Aussäens und der Ernte sowie die verschiedenen Aktivitäten und Ruhephasen in landwirtschaftlichen Kulturen bestimmt. Deshalb war es von großer Bedeutung, den Verlauf der Sonne sorgfältig zu beobachten und festzuhalten, um Anhaltspunkte dafür zu haben, wann der Übergang von der warmen zur kalten Jahreszeit (und umgekehrt) zu erwarten ist. Unsere Vorfahren unterteilten das Jahr in eine „dunkle" und eine „helle" Hälfte. Deshalb nutzten die Menschen schon in der Urzeit diverse Hilfsmittel, um die Sonnenwenden zu bestimmen. Sie errichteten sogar spezielle Bauwerke, um die genauen Zeitpunkte der Sonnenwenden zu ermitteln – die bekanntesten sind Stonehenge in England oder Newgrange in Irland.

Aber nicht nur im Jahreszyklus beobachteten die Menschen den Lauf der Sonne. Wahrscheinlich fragten sie sich tagtäglich, wohin die Sonne geht, wenn sie untergeht, und waren erleichtert, dann den Mond zu sehen, der alles mit einem sanften Schimmer erhellt. Doch auch der Mond hat seine Geheimnisse und Rätsel, die uns bis heute faszinieren. Seine verschiedenen Phasen und sein Einfluss auf Ebbe und Flut haben schon immer eine wichtige Rolle in vielen Kulturen gespielt. So gibt es vier Vollmonde im großen Zyklus eines Sonnenjahres, nach denen sich die Natur in ein neues Kleid hüllt.

Mit dem Vollmond Anfang Februar kommen die ersten Frühblüher, im Mai wird alles saftig grün, im August ist es Zeit, die Ernte einzufahren, und mit dem Vollmond Anfang November fallen endgültig die Blätter und alles Leben zieht sich zurück.

Es scheint ein Urbedürfnis der Menschen zu sein, sich in den Rhythmus der Natur einzuklinken und dadurch den eigenen Platz zu finden. Es ist faszinierend zu beobachten, dass selbst in Kulturen, in denen die Unterschiede zwischen den Jahreszeiten nicht so stark ausgeprägt waren, eine

Einteilung des Jahres in Segmente stattfand. Statt der heutzutage üblichen zwölf Monate oder vier Jahreszeiten war es oft eine Unterteilung in acht Segmente, auch bekannt als das „Rad des Jahres" oder der Jahreskreis. Jede der acht Speichen symbolisiert eines der bedeutenden Jahresfeste.

Dieses Wissen des Jahreskreises wurde über Generationen weitergegeben und bildete die Grundlage für den Kalender, der bis heute in vielen Kulturen verwendet wird. Unsere Vorfahren lernten von den zyklischen Abläufen der Natur und stellten aus diesen die Verbindung zu ihrem Leben her. Die Sonne und der Mond spielten somit nicht nur in der Landwirtschaft eine wichtige Rolle, sondern oft waren daran auch religiöse Rituale und Feste gebunden. All diese Feste haben in Europa eine lange kulturgeschichtliche Bedeutung – lange bevor sie christlich besetzt wurden. Selbst in der heutigen Zeit sind Feste wie Ostern und Weihnachten, unabhängig von der persönlichen spirituellen oder religiösen Orientierung, vielen Menschen bekannt. Ebenso stellen auch der 1. Mai und der 1. November wichtige Orientierungspunkte innerhalb des Jahres dar, die uns Halt und Struktur bieten.

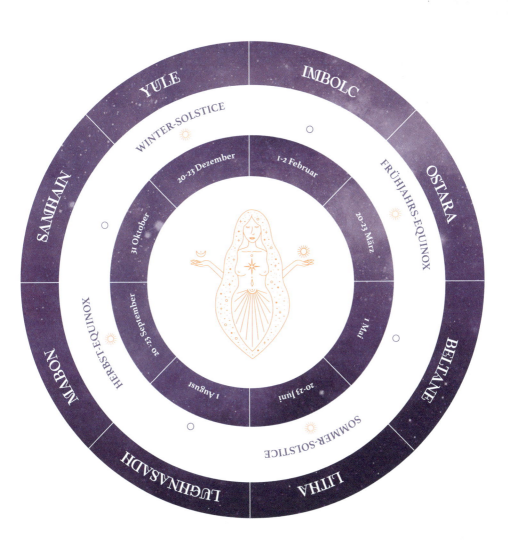

YULE

IMBOLC

WINTER-SOLSTICE

20-23 Dezember

1-2 Februar

SAMHAIN

OSTARA

FRÜHJAHRS-EQUINOX

31 Oktober

20-23 März

HERBST-EQUINOX

20-23 September

1 Mai

MABON

BELTANE

1 August

20-23 Juni

LUGHNASADH

LITHA

SOMMER-SOLSTICE

Die Dunkelheit als Zeit der Stille und Ruhe

In der heutigen Zeit, in der wir kontinuierlich leistungsbereit und stets funktionsfähig sein müssen, ignorieren wir häufig unsere innere Uhr. Das künstliche Licht erweitert die Tage unnatürlich bis tief in die Nacht hinein, wodurch viele Menschen den Rhythmus von Arbeit und Pause verloren haben.

Für unsere Vorfahren hingegen, deren gesamtes Leben von extrem harter körperlicher Arbeit geprägt war, war die dunkle Jahreszeit eine Phase des Rückzugs und der Stille. Die Dunkelheit startet bereits im September mit der Herbst-Tagundnachtgleiche. Ab diesem Zeitpunkt verkürzen sich die Tage stetig und die Temperaturen sinken. Alles begann, sich auf die bevorstehende Kälte einzustellen. Es wurden Vorräte angelegt, letzte Aufgaben erledigt und spätestens zu Samhain (unser heutiges Halloween), dem letzten Erntefest Ende Oktober, die großen Arbeiten auf den Feldern beendet. Unsere Ahnen waren davon überzeugt, dass mit dem Einsetzen der dunkleren Tage alles wieder in den Schoß der großen Urmutter zurückkehrt. Diese heißt je nach Kultur „Frigg", „Holle" oder auch „Percht". Sie ist die Herrscherin über die Dunkelheit und schenkt der Sonne und allen Wesen das Leben. Die Menschen früher waren sich der lebensschenkenden Energie der Dunkelheit sehr bewusst und beobachteten, dass überall auf der Welt neues Leben einzig und allein in dieser Dunkelheit entsteht. Pflanzensamen beginnen unter der Erde zu keimen und sowohl Tiere als auch Menschen entspringen der dunklen Geborgenheit des Mutterleibes.

So suchen die Tiere, sobald die Tage kürzer werden, Schutz in Höhlen, um ihren Winterschlaf zu halten, während auch die Pflanzen die wohltuende Umarmung der großen Mutter Natur genießen. Die Urmutter legt eine

Finsternis über die Landschaften, damit alles zur Ruhe kommen und sich erholen kann. Wichtig ist der Urmutter vor allem, dass sich auch die Menschen, genauso wie die Pflanzen und Tiere, den Gesetzen der Natur anpassen. Das bedeutet nun, in dieser Zeit der Percht, sich zurückzuziehen, zu regenerieren, Kräfte zu sammeln. Statt draußen auf den Feldern zu arbeiten, konnten sie nun endlich gemeinsam am Feuer sitzen, ein wenig Handarbeit tätigen und sich erholen. Alles schien in dieser Zeit irgendwie ruhiger und besinnlicher zu sein. Alles wirkte auf eine gewisse Weise wie eingefroren, und bis heute strahlt die Zeit um den Jahreswechsel herum eine besondere Atmosphäre aus.

Dennoch verunsicherten der täglich frühere Sonnenuntergang und das schwindende Licht in der dunklen Jahreshälfte die Menschen. Sie konnten nicht sicher sein, ob die Sonne nicht für immer hinter dem Horizont verschwinden würde. Eingekuschelt in Decken und Felle warteten unsere Ahnen auf die große „Mutternacht" (die Wintersonnenwende), in der endlich der Sonnengott neugeboren wurde. Um sich die Stunden zu vertreiben, erzählten sie sich Legenden, die den draußen tosenden Wind zu

einem wilden Toben der Dämonen und Geister machten und die Schneeverwehungen zu mystischen Hexen und übernatürlichen Wesen, die sich nun offenbarten. Dementsprechend galten diese eisigen Nächte früher als äußerst gefährlich. Aus diesem Grund wurden zahlreiche Bräuche und Rituale entwickelt, um den Segen der Urmutter zu erbitten und negative Einflüsse von Haus, Körper und Leben fernzuhalten. Diese Traditionen sind tief verwurzelt und waren für die Menschen damals von großer Bedeutung.

Dann, in der größten Dunkelheit, wenn die Sonne ihren Wendepunkt erreichte, schenkte die große Urmutter nach damaligem Glaube, dem Sonnengott sein Leben. Mit der „Mutternacht" (der Wintersonnenwende), die den tiefsten Punkt der Dunkelheit im Jahresverlauf kennzeichnet, kehren die hellen Tage langsam zurück und es setzt ein neuer Zyklus ein.

Aus diesen alten Bräuchen entstanden über die Jahre die Sperrnächte, das Julfest und auch die Rauhnächte. Im Brauchtum wurden viele Rituale und Geschichten der damaligen Zeit weitergegeben, allerdings sind diese je nach Region sehr verschieden. Viele der alten Götter und Göttinnen sind in Vergessenheit geraten, tauchen allerdings noch immer in einigen Märchen auf. Jeder von uns kennt die Märchen „Frau Holle" oder „Dornröschen" und ebenso die Figur des „Nikolaus". All diese Charaktere haben ihren Ursprung in der damaligen Zeit. Durch die Christianisierung konnten viele dieser Überlieferungen nur heimlich und mündlich weitergegeben werden oder bekamen eine andere Handhabung.

So gibt es kaum wirklich verlässliche Quellen über die Bräuche – die Spuren verschwinden in der Dunkelheit. Tatsächlich lässt sich der Zauber dieser Zeit nur mit dem Herzen und nicht mit dem Kopf entdecken. Lass uns gemeinsam eintauchen in diese Zeit voller Mythen, Bräuche und Rituale und erkunden, wie du diese Energie in dein modernes Leben integrieren kannst.

Eine Zeit für dich

Auch heute noch können wir von dieser Weisheit unserer Vorfahren profitieren. Hier schimmert viel altes Wissen durch, das du mit neuen Impulsen beleben kannst. In einer Zeit, in der es oft schwerfällt, an etwas zu glauben oder Vertrauen in die Zukunft zu finden, können wir vieles von unseren Vorfahren lernen. Durch Beobachtung und Achtsamkeit gegenüber der Natur wird es uns möglich, wieder ein Gefühl für den Lauf des Lebens zu entwickeln und zu verstehen, dass alles seinen Platz im großen Ganzen hat. Der Winter ist nicht nur die „Schattenzeit des Jahres", sondern auch eine wohltuende Gelegenheit für Ruhe und Besinnlichkeit – wie es schon unsere Ahnen vorgelebt haben!

Die Energie ist in dieser Zeit etwas ganz Besonderes und kann dir im Hier und Jetzt helfen, zu dir selbst zurückzufinden. Die kurzen Tage ermöglichen es dir, dein Tempo zu verlangsamen und die Zeit für dich selbst zu nutzen. Sie laden dich geradezu ein, innezuhalten, um deine innere Stimme besser wahrzunehmen.

Nutzte die dunklen Tage, um dich selbst besser kennenzulernen, und lerne von unseren Ahnen: Verbringe mehr Zeit mit dir selbst, anstatt dich ablenken zu lassen! Nimm dir diese Zeit und schaue in dich hinein. Betrachte deine Gedanken, deine Gefühle und deine Sehnsüchte. Auch wenn es manchmal schwerfällt, lass dich von deinen Emotionen leiten und versuche nicht, sie zu verdrängen oder zu unterdrücken. Dein Verstand kann sich nur an Erfahrungen bedienen, doch dein Herz und deine Seele blicken viel weiter. Entwickle ein Gespür für das, was du wirklich willst, und gehe auf die Reise, um dich selbst zu finden.

Ein Platz nur für dich

Die Zeit der Dunkelheit bietet dir die Möglichkeit, deine Seele baumeln zulassen. Finde dafür einen Ort in deiner Nähe oder in deinem Haus, an dem du deinen persönlichen „Seelenplatz" einrichten kannst. Am besten eignet sich dazu ein ruhiger Ort, wo du ungestört sein kannst. Da du an diesem Platz viel Zeit verbringen wirst, ist es wichtig, dass du dich dort sehr wohlfühlst, er eine besondere Energie für dich ausstrahlt und du dich hinsetzen kannst. Dies könnte zum Beispiel eine Ecke deines Schlaf- oder Wohnzimmers sein.

Hier wirst du schon in den Sperrnächten das vergangene Jahr reflektieren und in den Rauhnächten täglich sitzen und träumen, meditieren und schreiben, vielleicht sogar orakeln oder einfach nur sein.

Dieser Ort ist wie ein kleiner Altar, gestalte deinen Platz daher mit Dingen, die dir wichtig sind: Kristalle, Kerzen, Bilder oder Symbole, die für dich eine Bedeutung haben. Ergänze ihn mit Dingen, die dir in dieser Zeit begegnen und über den Weg laufen.

Du kannst beispielsweise Pflanzen oder Zweige von draußen mitbringen, um die Natur in dein Zuhause zu holen. Du kannst alles machen, was du willst, um diese magische Zeit zu begrüßen und zu feiern! Mache alles so, wie es dir Freude bereitet, so dass dieser Ort für dich wie eine Quelle positiver Energie wird, zu der du jeden Tag in Freude zurückkehrst. Vielleicht wächst dir dieser Platz so sehr ans Herz, dass du ihn auch später als deinen Rückzugsort beibehältst.

Rituale als magische Unterstützung

Rituale bieten eine wertvolle Unterstützung, um Emotionen und Gedanken zu strukturieren und gleichzeitig den Anstoß für einen Neubeginn zu geben. Während eines Rituals kommt das Leben für einen Moment zum Stillstand und ermöglicht den Zugang zu anderen Ebenen des eigenen Daseins. Sie sind der magische Schlüssel, um Veränderungen herbeizuführen und sichtbar zu machen. Besonders in Zeiten des Wandels können Rituale dir dabei helfen, dich bewusst von Altem zu verabschieden und seelische Lasten loszulassen. Oder sie können dazu beitragen, deine Wünsche und Anliegen in die Realität umzusetzen. Selbstverständlich besteht die Möglichkeit, all diese Gedanken zu reflektieren oder einfach niederzuschreiben. Dennoch reagieren Verstand und Emotionen weitaus effektiver auf Taten. Ein Ritual gleicht einer Übereinkunft mit deinem inneren Selbst. Du verleihst so deinen Wünschen eine feste Basis.

Der Platz, an dem Rituale durchgeführt werden, hat immer eine besondere Bedeutung. Du hast die Möglichkeit, für jedes Ritual einen neuen Altar zu kreieren. Jedoch empfehle ich für die Dauer der Rauhnächte einen permanenten Altar zu gestalten, beziehungsweise deine Rituale an deinem Seelenplatz durchzuführen.

In diesem Buch findest du viele kraftvolle Rituale aus vergangenen Zeiten. Sie sind so gestaltet, dass du sie alleine durchführen kannst. Natürlich kannst du sie auch anpassen, um sie mit deiner Familie, deinen Kindern, Freunden oder Freundinnen gemeinsam zu erleben. Betrachte alle Rituale in diesem Buch als Inspiration und Orientierungshilfe. Scheue dich daher nicht, sie auf deine ganz persönliche Weise zu gestalten. Um die bestmöglichen Ergebnisse aus deinen Ritualen zu erzielen, ist es von größter Bedeutung, dass du dir genügend Zeit nimmst und jegliche Hektik vermeidest. Führe die Rituale nur dann aus, wenn du die notwendige Ruhe und Gelassenheit hast, um voll und ganz in den Moment einzutauchen und dich auf die Erfahrung einzulassen. Denn nur so entwickeln sie ihre transformative Kraft.

VORGEHENSWEISE BEI DEN RITUALEN:

1. Lies dir das Ritual durch.

2. Stelle sicher, dass alles bereitsteht, was du für das Ritual brauchst.

3. Zentriere und erde dich. Meditiere für einen Moment und nimm bewusst ein paar tiefe Atemzüge, um dich zu fokussieren und dich gedanklich auf dein Ritual einzulassen.

4. Um ein Ritual zu beginnen, ist es wichtig, einen heiligen Raum zu eröffnen. Dadurch wird ein klarer Startpunkt gesetzt und du erhältst Schutz, Sicherheit und Geborgenheit. Ich persönlich ziehe immer einen magischen Schutzkreis, indem ich mir ein Licht vorstelle, das im Osten aus dem Boden entspringt und sich im Uhrzeigersinn um den Ritualplatz zieht. Es ist auch möglich, den Kreis mit Steinen zu legen oder eine Linie aus Salz oder Mehl zu streuen.

5. Wenn du möchtest, sprich folgende Worte zur Eröffnung:
„Kräfte des Nordens, der Innenschau und der Nacht.
Kräfte des Ostens, der aufgehenden Sonne und des Neubeginns.
Kräfte des Südens, des Tages und des Sommers.
Kräfte des Westens, der untergehenden Sonne, der Ernte und des Abends.
Ich bitte euch an diesem Ritual teilzunehmen und zum höchsten göttlichen Wohle aller Beteiligten beizutragen.
Ich bitte auch die Elemente, Erde, Feuer, Wasser und Luft sowie die Mutter Gaia und Vater Kosmos um ihr Mitwirken an diesem Ritual."

6. Führe dein Ritual, wie in der Anleitung beschrieben, durch.

7. Schließe wieder bewusst den heiligen Raum. Beginne mit Vater Kosmos und Mutter Erde, verabschiede dann die verschiedenen Himmelsrichtungen und die Elemente, die du vorher eingeladen hast, und bedanke dich für ihr Wirken.

8. Rituale sind Energiearbeit. Das Wichtigste danach ist es zu essen, zu trinken und dir noch ein wenig Zeit zu nehmen.

Die Sperrnächte

Die Zeit des Loslassens
und der Reinigung

Während sich die Tage verkürzen und die Nächte länger werden, bereiten sich die Menschen auf die längste Nacht des Jahres vor – die Mutternacht. Die Sperrnächte sind die geheimnisvollen Vorläufer der längsten Nacht des Jahres und der Rauhnächte. In dieser Zeit verabschiedeten sich unsere Ahnen würdevoll von der Vergangenheit und bereiteten alles auf die Ankunft des Sonnengottes vor. Alles musste perfekt sein. Unordnung im Haus war inakzeptabel, da die große Muttergöttin äußersten Wert auf Reinlichkeit legte. Nach alter Tradition wurden in diesen Nächten alle Gerätschaften gereinigt, aufgeräumt und weggesperrt. Beispielsweise wurden die Spinnräder verstaut, denn sie durften ab der Wintersonnenwende und in den Rauhnächten nicht benutzt werden. Einzig die Urmutter selbst, die Percht mit den drei Nornen, durfte die Fäden für das Schicksal in der Hand halten. Dazu später mehr.

Die Sperrnächte waren für diese letzten Tätigkeiten vorgesehen:

Die Häuser und Höfe wurden rituell gereinigt, indem man die Räume mit Salbei, Weihrauch oder Myrrhe räucherte. Schulden wurden zurückgezahlt und offene Rechnungen beglichen, um davon unbelastet ins Neue Jahr gehen zu können. Auch sollte alles Geliehene zurückgegeben und jeder Streit niedergelegt sein. Nicht nur das Haus, sondern auch der Körper und das Seelenleben sollte für die lange Winterzeit gerüstet und gereinigt sein. Daher gilt noch vielerorts die Vorweihnachtszeit als Fastenzeit.

Es wurde erzählt, dass diejenigen, die gehorchen, im darauffolgenden Jahr mit einer reichen Ernte gesegnet werden, während die Ungehorsamen entsprechende Strafen erhalten. Um dies zu kontrollieren, ging laut traditioneller Erzählungen in den Rauhnächten die *wilde Jagd* um. Diese wurde angeführt von Wotan, Odin oder der Percht selbst. Sie bestand aus einer Gruppe von Geistern und Dämonen, die durch die Nacht ritten und nach Unordnung suchten. Wenn sie auf ein vernachlässigtes Haus trafen, brachen sie herein und verursachten Chaos. Die Bewohner wurden dann mit Pech bestrichen oder sogar entführt. Doch für jene, die sich an die Regeln hielten, gab es Belohnungen. Sie konnten sicher sein, dass ihre Häuser von den wilden Reitern verschont blieben und ihnen eine erfolgreiche Ernte bevorstand.

Daraus entstand die tief verwurzelte Tradition des Reinigens und Ordnens des Zuhauses. Es war nicht nur eine Frage des Respekts gegenüber der Urmutter, sondern auch ein Weg, sich selbst zu schützen. Bis heute halten viele Menschen daran fest: Vor Weihnachten wird geputzt!

Lass los, um Neues zu empfangen

Wie kannst du die Zeit der Sperrnächte nun für dich nutzen? In dieser Zeit vor der Wintersonnenwende geht es darum, Altes loszulassen und Platz für Neues zu schaffen. Das kann sich auf verschiedene Bereiche des Lebens beziehen: Beziehungen, Gewohnheiten, Gedankenmuster oder auch materielle Dinge. Es ist eine Zeit der Reinigung, in der du dich von Ballast befreien und dich von dem lösen solltest, was nicht mehr zu dir passt, um Platz für etwas Neues zu schaffen. Die Sperrnächte bieten eine wertvolle Gelegenheit zur Selbstreflexion.

Frage dich also, was du aus dem vergangenen Jahr hinter dir lassen und verschließen möchtest. Nutze diese Zeit, um genau zu betrachten, was wertvoll war und was du ins neue Jahr mitnehmen möchtest. Manches benötigt vielleicht eine Reparatur oder Überarbeitung, während anderes nun überflüssig geworden ist und entsorgt werden sollte. Diese Rückbesinnung ermöglicht es dir, mit dir selbst und anderen in Einklang zu kommen und einen klaren Blick auf dein Leben zu bekommen.

Im Innehalten wirst du zum einen erkennen, was gut war und wert ist, es in der Zukunft beizubehalten. Zum anderen nimmst du wahr, was du getrost hinter dir lassen und abschließen kannst. Es lohnt sich, dir jeden Abend etwas Zeit zu schenken, um die Vergangenheit zu verarbeiten. Du wirst sehen, welche Erkenntnisse das fast vergangene Jahr für dich im Gepäck hat. So löst du dich bewusst von all den schweren Themen, die du in diesem Jahr zu bewältigen hattest, und löst die Knoten, die dich daran hindern, weiterzukommen. Räume die alte Welt so auf, dass du wieder frei atmen kannst. Nimm dir Zeit, um dich von all dem Ballast zu befreien, und schaffe einen Raum, in den deine Seele in den Rauhnächten fließen kann. Denn nur wenn du bereit bist loszulassen, kannst du neue Erfahrungen machen und deine Träume verwirklichen.

Diese Zeit vor der Wintersonnenwende kann also dafür genutzt werden, das vergangene Jahr zu reflektieren und es abzuschließen.

EXKURS

Es gibt verschiedene Auffassungen darüber, wann die Sperrnächte beginnen, ähnlich wie bei den Rauhnächten. Einige Überlieferungen deuten darauf hin, dass sie bereits am Kathreintag (25. November) starten, während andere den 1. Dezember oder den ersten Adventssonntag als Beginn ansehen. Alternativ können sie auch am Anna-Tag (8. Dezember) oder am Lucien-Tag (13. Dezember) beginnen.

Tipp

Mache auch du vor der Wintersonnenwende einen kleinen Hausputz, so dass zu Beginn der Rauhnächte nichts mehr „unfertig" ist. Dabei geht es nicht um pingelige Perfektion. Alles hat dann seinen Platz, damit dich nichts ablenken kann. Ebenso zahle deine offenen Rechnungen, gib Ausgeliehenes zurück und lege jeden Streit nieder.

Für mich persönlich stellt sich der 8. Dezember als sehr sinnvoll heraus, um einen Jahresrückblick auf die einzelnen Monate zu beginnen, wenn man davon ausgeht, dass ein Tag einem Monat des vergangenen Jahres entspricht. Der 8. Dezember repräsentiert dann den Januar, der 9. Dezember den Februar, ... bis zum 20. Dezember – dem Dezember. Dann hast du vor der Wintersonnenwende alles weggesperrt und gehst völlig frei in den neuen Zyklus hinein.

Ritual in den Sperrnächten:
Das Alte verabschieden

Indem du in den Sperrnächten behutsam jeden Monat betrachtest, nimmst
du dir bewusst Zeit, die Themen anzugehen, die dich noch beschäftigen.
Dies ist ein wichtiger Schritt, um dich von diesen Lasten zu befreien.
Notiere dir natürlich auch all die schönen Dinge in deinem Jahr.

DU BENÖTIGST:

◊ eine neue Kerze (Diese Kerze entzündest du jeden Abend, und lässt sie am Julfest endgültig abbrennen. Sie symbolisiert das vergangene Jahr.)

◊ Räucherwerk, z. B. Beifuß (vertreibt negative Einflüsse) oder Lavendel (fördert Harmonie und reinigt)

◊ Feuerzeug oder Streichhölzer

◊ Papier und Stift

◊ feuerfeste Schüssel oder Schale

Nimm dir ab dem 8. Dezember jeden Abend Zeit für dich. Entzünde eine Kerze und das Räucherwerk, um eine gemütliche Atmosphäre zu schaffen, und öffne für dich den heiligen Raum. Schreibe jeden Abend einen kurzen Brief an den jeweiligen Monat und verschaffe dir so einen Überblick über das vergangene Jahr. Nutze dabei gerne Tagebuchaufzeichnungen oder Notizen aus dem Kalender, um dich besser erinnern zu können. Durchsuche auch Chatverläufe oder Social-Media-Posts, um dich an Ereignisse zu erinnern. Verbrenne die Briefe in einer feuerfesten Schale und visualisiere, wie sich alles im Feuer auflöst und in der Atmosphäre aufgeht. Schließe anschließend den heiligen Raum wieder und genieße deinen Abend.

Am nächsten Abend geht es dann mit der nächsten Sperrnacht weiter. Mach so Tag für Tag Platz für das Neue, das in den Rauhnächten in dein Leben treten will.

ALTERNATIVE:
Betrachte jeweils an den Adventssonntagen dein Jahr in Abschnitten. Erinnere dich am ersten Sonntag an den vergangenen Winter, am zweiten Sonntag an das vergangene Frühjahr, am dritten Sonntag an den vergangenen Sommer und am vierten Sonntag an den vergangenen Herbst.

Journaling-Fragen

FÜR DIE SPERRNÄCHTE

◇◇◇◇◇◇◇◇◇◇◇◇◇◇◇◇◇◇◇◇◇

*Hilfreich bei deinem Rückblick können
die folgenden Fragen sein:*

◇◇◇◇◇◇◇◇◇◇◇◇◇◇◇◇◇◇

*Was lief gut, was lief schlecht, was hat mich geärgert,
getriggert?*

◇◇◇◇◇◇◇◇◇◇◇◇◇◇◇◇◇◇◇◇

*Was habe ich gelernt und möchte es behalten,
weil es mir dient?*

◇◇◇◇◇◇◇◇◇◇◇◇◇◇◇◇◇◇◇◇◇

*Welche Menschen habe ich kennengelernt,
von welchen musste ich mich trennen?*

◇◇◇◇◇◇◇◇◇◇◇◇◇◇◇◇◇◇◇◇

Welche Erfahrungen habe ich gemacht, was habe ich gelernt?

◇◇◇◇◇◇◇◇◇◇◇◇◇◇◇◇◇◇

Welche AHA-Momente hatte ich?

◇◇◇◇◇◇◇◇◇◇◇◇◇◇◇◇◇◇

*Was kann ich ohne Probleme von nun an weglassen, weil es
mir ohnehin nicht dient und ich es nicht mehr brauche?*

◇◇◇◇◇◇◇◇◇◇◇◇◇◇◇◇◇◇◇◇◇

Gibt es noch Glaubenssätze, die mich belasten?

Unterstützung aus der Natur

EDELSTEINE UND ÄTHERISCHE ÖLE FÜR DIE SPERRNÄCHTE

RAUCHQUARZ

In Zeiten von Traurigkeit, Kummer und Sorgen kann der Rauchquarz als Heilstein wahre Wunder bewirken. Er bringt Licht und Leichtigkeit in schwere Zeiten und lässt das Leben wieder in voller Freude erstrahlen. Wenn du mit einer Herausforderung konfrontiert bist, die scheinbar unlösbar ist, kann er dich unterstützen. Er fördert eine bodenständige und realitätsnahe Einstellung.

AQUAMARIN

Der Aquamarin kann helfen, vergangene Lasten abzulegen und dir Klarheit in deinen Emotionen zu verschaffen. So wirkt er beispielsweise Niedergeschlagenheit entgegen und sorgt für mehr Gelassenheit. Auch bei einem Mangel an Selbstausdruck entfaltet der Aquamarin seine kräftigende Wirkung. Mit seiner sanften, nicht überfordernden Wirkung bringt er deinen Körper in Einklang. So kannst du gestärkt deinen Blick auf das richten, was vor dir liegt.

MOOSACHAT

Der Moosachat ist ein wahrer Befreier. Er hilft dir, dich von belastenden Erfahrungen zu lösen und Vergangenes aus einem neuen Blickwinkel zu betrachten. Er stärkt die Selbstwahrnehmung und verbessert die Fähigkeit zur Kommunikation. Durch die Wirkung des Moosachats können alte, ungesunde Bindungen aufgelöst werden, sodass du dich erfolgreich von geistigen Fesseln befreien kannst. Du erhältst die nötige Kraft, um dich selbst zu wandeln und neue Wege zu beschreiten.

LAVENDEL

Lavendelöl ist bekannt für seine Fähigkeit, Verspannungen zu lösen und Stress abzubauen. Darüber hinaus kann Lavendelöl auch dabei helfen, Ängste und Sorgen zu mildern, was erholsamen Schlaf fördert. Mit seinen beruhigenden Eigenschaften ist Lavendelöl ein bewährtes Mittel, um Körper und Geist zu entspannen und das Wohlbefinden zu steigern.

Meditation Ausruhen

Meditationen als Hörfassung

Diese Meditation lässt dich in eine wohltuende tiefe Stille sinken, in der du dich regenerieren und Kraft tanken kannst. Ich empfehle dir, dich für diese Meditation hinzulegen. Kuschel dich beispielsweise ganz bequem in dein Bett und bereite alles so vor, dass du dich wirklich in einen tiefen Raum der Erholung und Heilung fallen lassen kannst.

Schließe deine Augen und beginne mit bewussten Atemzügen: durch die Nase ein, und durch den Mund aus. Wiederhole das einige Male und verlangsame dabei deinen Atem: einatmen und doppelt so lange ausatmen, wie du eingeatmet hast. Genieße das Heben und Senken deiner Brust und spüre, wie dein Körper beim Ausatmen immer mehr an Anspannung verliert. Atme tief in deinen Körper und lade jede Zelle deines Wesens ein, in einen Zustand tiefer Entspannung und Ruhe einzutreten.

Alles, was du nicht brauchst, darf jetzt gehen. Du atmest tief in dich hinein, und mit der nächsten Ausatmung fließen alle Sorgen, Gedanken und alles, was dich beschäftigt, einfach aus dir heraus und verschwinden in der Unendlichkeit.

Du sinkst immer tiefer und tiefer. Ruhe dich in den Armen der Erde aus und lass dich halten, atme tief ein und wieder aus. Gib dich dem Moment hin und erlaube dir, gehalten zu werden. Lade deinen Körper ein sich auszuruhen, du warst noch nie so sicher und gehalten.

Wie ein Samenkorn in der Erde bist du von der großen Mutter Erde gehalten, spürst den Herzschlag der Erde und wiegst dich hinein in den Atem der Natur. Du bist sicher, du bist behütet und geschützt. Du bist geliebt. Du fühlst einen warmen inneren Frieden in dir. Du genießt das Gefühl absoluter Geborgenheit. Du bist genau da, wo du sein sollst.

Spüre langsam deinen Körper wieder. Beginne deine Finger und Füße sanft zu bewegen. Nimm dir so lange, wie du brauchst. Es ist mehr als genug Zeit, um zu atmen, um dich zu strecken, um einfach nur zu sein. Wenn du dich bereit fühlst, dann öffne deine Augen, komme ganz langsam zurück in diesen Tag und lass den Frieden in dein Leben fließen.

Räuchern

Verleihe deinen
Rauhnächten den
magischen Zauber.

Die Weisen der Vergangenheit empfehlen, genau in dieser Phase des Jahreskreises ausgiebig zu räuchern. Der Duft von den verschiedenen getrockneten Pflanzen hilft dabei, negative Energien abzuwehren und positive Kräfte anzuziehen. Diese Tradition war vor nicht allzu langer Zeit noch weit verbreitet und alltäglich. Doch in der heutigen Zeit scheint sie etwas in Vergessenheit geraten zu sein. Dabei kann das Räuchern eine wunderbare Möglichkeit bieten, Körper und Seele zu reinigen und gleichzeitig zur Ruhe zu finden. Vielleicht hast du ja auch Lust, diese alte Tradition wieder aufleben zu lassen?

Intuitiv ist uns allen bewusst, dass es Räume oder Orte gibt, an denen wir uns unbehaglich fühlen, ohne genau zu wissen, woran es liegt. Um diesem Unbehagen entgegenzuwirken, gibt es eine äußerst effektive Methode: das Räuchern. In der Vergangenheit zog die ganze Familie vor und in den Rauhnächten räuchernd durch Haus und Stall. Der Vater ging mit der Räucherpfanne voraus, dahinter die Mutter und die Kinder, um die Familie, die Tiere und das Haus im nächsten Jahr zu schützen. Dieses Ritual hat sich vermutlich in die heutige Zeit gerettet, denn: Welcher Brauch passt besser, um das Alte loszulassen und das Neue willkommen zu heißen, eine wohlige Atmosphäre zuhause zu schaffen, Räume und Orte zu reinigen, sich zu besinnen?

Darüberhinaus ist das Räuchern auch eine wunderschöne Möglichkeit, deine Meditationen mit einem Duft zu begleiten.

Der Duft des Räucherwerks hat dabei eine beruhigende Wirkung auf deinen Geist und hilft dir, in deine Gedankenwelt abzutauchen. Ebenso ist es leichter möglich, Stress abzubauen sowie Ängste zu lösen. Der Duft kann dir helfen, dich wieder mit dir selbst zu verbinden und so seelische Heilprozesse positiv zu unterstützen. Also kein Wunder, dass das Räuchern immer beliebter wird.

Jede Pflanze hat eine spezifische Wirkung auf den Körper wie zum Beispiel der Rosmarin, der unsere Durchblutung anregt, der Thymian, der Schleim löst, oder die Angelika- wurzel, die unsere Verdauung unter- stützt. Aber Pflanzen entfalten ihre Wirkung auch auf der feinstofflichen Ebene. Deshalb ist es wichtig, dass du dich vorab über die jeweiligen Ei- genschaften informierst und die Pflanze oder eine Mischung aus- wählst, die am besten zu deinen Be- dürfnissen passt. Die Duftstoffe wer- den über die Nase aufgenommen und gelangen sofort ins Unterbewusst- sein, wo sie entsprechende Wirkungen hervorrufen. Meist sind diese Reakti- onen sehr fein und subtil, sie können jedoch auch heftigere Abwehrreakti- onen auslösen. Räuchere deshalb nur mit Pflanzendüften, die dir ange- nehm sind.

Räucherwerk besteht aus naturrei- nen Pflanzenteilen wie getrockneten, zerkleinerten Blättern, Blüten, aro- matischen Hölzern, Wurzeln, Früchten und Räucherharzen. Auf jeden Fall solltest du auf hochwertige Produkte setzen, um das bestmögliche Ergebnis zu erzielen.

Da sich beim Räuchern Ascheteilchen lösen und herunterfallen können, ist es wichtig, eine feuerfeste Unterlage mit Sand griffbereit zu haben. Damit können Glut oder Asche aufgefangen werden und das Bündel auch wieder gelöscht werden. Vergiss nicht, den Rauchmelder auszuschalten (und später wieder einzuschalten). Und schließe deinen Kleiderschrank während des Räucherns, um deine Kleidung vor dem intensiven Duft zu schützen.

Zum Räuchern gibt es diverse Behältnisse und ganz unterschiedliche Techniken. Eine traditionelle Räucherschale mit Kohle oder ein Stövchen eignen sich hervorragend, um Kräuter, Harze oder Hölzer zu verräuchern. Alternativ kannst du auch einige Räucherstäbchen oder getrocknete Kräuterbündel entzünden, um deiner Meditation oder deinem Ritual den gewünschten Zauber zu verleihen.

Die Art und Weise, wie man räuchert, hängt von deiner Absicht ab. Wenn du beabsichtigst, ein Ritual wie eine energetische Hausreinigung durchzuführen, ist es unerlässlich, dass du entweder Räucherkohle oder einen Smudge-Stick verwendest. Denn auf diese Weise werden die pflanzlichen Kräfte am effektivsten aus dem Pflanzenmaterial gelöst und können wirken. Alles Alte und Verbrauchte wird in dem Rauch gebunden und mit dem anschließenden Lüften der Zimmer aus deinem Heim geschickt. Meine Empfehlung ist es, zumindest einmal vor der Wintersonnenwende eine energetische Hausreinigung zu machen (siehe Seite 32).

Falls du es bevorzugst, nur das Aroma der Räucherstoffe im Raum zu riechen, und keinen Rauch möchtest, ist das Räuchern auf einem Stövchen eine Option. Hierbei werden die verschiedenen Aromen langsamer abgegeben und können feiner wahrgenommen werden. Im Gegensatz zum Räuchern mit Kohle gibt es nahezu keine Rauchentwicklung. Dies ist vor allem für die Rauhnachtszeit besonders schön, wenn du deine Journalingfragen beantwortest, deine Träume notierst oder meditierst.

So oder so solltest du nach dem Anzünden genug Zeit lassen, damit sich der Duft in dem Raum verteilt, so dass er seine vollkommene Wirkung entfalten kann.

Tipp

Bereite dich auf die bevorstehende Wintersonnenwende vor, indem du eine energetische Reinigung deines Hauses durchführst. Solltest du während der Rauhnächte spüren, dass etwas dich blockiert, aufhält oder sich zäh anfühlt, wiederhole die Reinigung. Ansonsten kannst du in den Rauhnächten frei nach deiner Vorliebe mit Düften räuchern, die positive Geister anziehen und dir bei deiner Selbstreflexion helfen.

Im Video wird alles ganz genau erklärt.

REINIGENDE UND KLÄRENDE KRÄUTER

- **Salbei** – wirkt energetisch reinigend, löst negative Energiefelder auf
- **Wacholder** – hält negative Einflüsse ab
- **Thymian** – reinigt und desinfiziert die Atmosphäre sowohl innen wie außen
- **Drachenblut** – löst äußerst negative Energiefelder auf
- **Asant-Teufelsdreck** – löst aufgedrängte negative Gefühlsenergien und Zustände auf
- **Beifuß** – reinigt die Atmosphäre von negativen Energien
- **Lavendel** – klärt, beruhigt, entspannt und hilft beim Loslassen
- **Königskerze** – löst negative Spannungen auf

SEGNENDE KRÄUTER

- **Rosenblüten** – wirken herzöffnend, halten negative Energien fern
- **Palo Santo** – öffnet das Herz und sorgt für innere Balance
- **Mädesüß** – wirkt tröstend und heilend
- **Dammarharz** – schenkt helle, lichte Energie

- **Ysop** – wirkt aufbauend, segnend und positive Energie vermehrend
- **Sweetgras-Mariengras** – schenkt positive, heitere, harmonische Energie
- **Myrrhe** – erdet und schenkt wärmende und tröstende Energie

KRÄUTER ZUM ORAKELN

- **Mistel** – öffnet für eine höhere, erweiterte Sichtweise der Dinge
- **Lorbeer** – öffnet den Geist für Verborgenes
- **Erdrauch** – alte nordische Orakelpflanze, schenkt tiefe Einsicht in Verborgenes
- **Holunder** – der Schwellenbaum, öffnet die Tür zu verborgenen Wirklichkeiten
- **Mastix** – fördert Hellsicht und Vision und hilft Kontakt zu den Mächten des Lichts herzustellen
- **Weihrauch** – wirkt spirituell öffnend

Tipp

Es gibt auch wundervolle gebrauchsfertige Räuchermischungen.

Energetische Hausreinigung

Um das alte Jahr zu verabschieden und sich von bösen Geistern zu lösen, machten unsere Vorfahren eine Hausreinigung. Es gibt verschiedene Theorien zum Räuchern in der Rauhnachtszeit. Manche meinen, es soll täglich geschehen, andere wählen bestimmte, klärende Tage aus, wieder andere räuchern einfach vor der Wintersonnenwende und am letzten Tag der Rauhnächte.

DU BENÖTIGST:
◊ Salbei (gibt es auch als gebundenes Bündel)
◊ *alternativ*: Räucherkohle und eine reinigende Mischung
◊ Feuerzeug oder Streichhölzer
◊ feuerfeste Schale mit Sand

Stelle sicher, dass du alle notwendigen Utensilien bereitliegen hast, und nimm dir einen Moment Zeit, um bewusst und tief einzuatmen. Verbinde dich mit der Erde, indem du dir vorstellst, wie tiefe Wurzeln aus deinen Füßen in die Erde wachsen. Entzünde das Salbeibündel und fächere der kleinen Flamme Luft zu, bis es zu qualmen beginnt und ein intensiver Pflanzenrauch entsteht. Du beginnst nun bei der Eingangstür und gehst anschließend mit dem Räucherbündel durch jedes Zimmer. Während des Räucherns sollten alle Fenster und Türen geschlossen bleiben.

Sprich dazu folgende Worte:
„Ich befreie diesen Raum von vergangenen Dingen und lasse sie in Liebe und Dankbarkeit los. Ich mache Platz für neue Möglichkeiten und wünsche mir/uns nur das Beste für die Zukunft."

Gehe nun entgegen dem Uhrzeigersinn von Raum zu Raum und widme den Ecken und Nischen in jedem Zimmer besondere Aufmerksamkeit, da sich dort Energien genauso gerne ansammeln wie Staubflusen. Nutze eine Feder, um den Rauch in die Ecken des Raumes zu wedeln, und bitte den Rauch darum, negative Energien zu lösen. Sobald du wieder am Eingang angekommen bist, lasse den Rauch noch einen Moment einwirken und lüfte anschließend gründlich durch. Zusätzlich kannst du dein Lieblingslied einschalten und durch die Räume tanzen, die Kissen und Decken aufschütteln, um alles positiv aufzuladen.

Das Julfest

Das Geburtsfest der Sonne

Die Magie der Wintersonnenwende

Die Wintersonnenwende, das Julfest, ist ein besonderer Moment und Wendepunkt, der seine ganz eigene Magie birgt. Heutzutage ist die Wintersonnenwende jährlich am 20. oder am 21.12. In der längsten Nacht des Jahres löschten unsere Vorfahren alle Lichter und Feuer. Für einen Moment war es absolut dunkel und kalt. Die ganze Welt hielt für einen Augenblick inne.

Doch in dieser Dunkelheit keimte eine neue Hoffnung auf. Die große Muttergöttin schenkte den Menschen das Licht zurück und erinnerte sie daran, dass alles Leben in einem ständigen Kreislauf verläuft, denn von nun an wurden die Tage wieder länger und das Licht kehrte zurück.

Unsere Vorfahren aus dem angelsächsischen Raum zelebrierten das Fest „Modranect" oder auch „Modraniht". Dabei handelte es sich um die „Mutternacht", welche später im Römischen Reich als „matrum noctem" bekannt wurde. Der Schwerpunkt dieses Festes lag dabei immer auf der Mutter und nicht auf dem Kind. Die alten Bräuche und Mysterien finden ihren Ursprung in einer Zeit, in der die Mutterfigur von unschätzbarem

Wert war: Als Urgrund, Bezugspunkt, Schutz und nährende Energie war sie das Fundament, das die Sippe zusammenhielt und am Anfang sowie am Ende allen Lebens stand. Die Mutternacht verweist auf die mütterliche Kraft der alten Muttergöttin Percht, die als Symbol für die Integration von Dunkelheit und Licht steht.

Symbolisch wurde das Feuer von unseren Vorfahren erneut entfacht und mit brennenden Fackeln voller Freude nach Hause getragen. Ebenso wurden aus Stroh brennende Räder hergestellt und den Berg hinuntergerollt, da die Menschen glaubten, dies mache die Felder fruchtbarer und garantiere eine gute Ernte.

Überall leuchteten Feuer und Lichter, die die neu geborene Sonne und damit das neue Leben repräsentierten. Heutzutage erinnern uns die Kerzen auf dem Adventskranz oder am Weihnachtsbaum sowie die weihnachtlich geschmückten Einkaufsstraßen mit ihren zahlreichen Lichterketten an diese alten Jul-Sonnen-Bräuche. Auch die Strohsterne, die manche Menschen heute noch an ihre Weihnachtsbäume hängen, sind die verkleinerte Form dieser großen Strohräder.

Es wird erzählt, dass das Julfest einst der Beginn einer zwölftägigen Friedenszeit war, die „Weihenächte" genannt wurde. Während dieser Zeit wurden Tage und Nächte erlebt, die sich ein wenig vom gewöhnlichen Leben abhoben. Man sagt, dass die Schleier zwischen den Welten während dieser Zeit besonders dünn sind und dass allerlei Orakel und Prophezeiungen gemacht werden und Wunder geschehen können. Traditionell war es üblich, das Haus mit Immergrün zu schmücken – von Tannen, Fichten, Kiefern, Wacholder und Stechpalmen. Das grüne Gewächs symbolisierte die Hoffnung auf den Sieg des Lebens über den Tod und den Beginn eines neuen Frühlings nach dem Winter. Bei den Norwegern, Isländern und Wikingern sowie den Alemannen, Sachsen und Franken sollen ausgedehnte Festgelage mit reichhaltigem Essen und reichlich Alkohol stattgefunden haben. Die Traditionen und Bräuche des Julfestes haben im Laufe der Zeit viele Veränderungen erfahren, jedoch blieb der Geist des Friedens und der Gemeinschaft bis heute erhalten.

Auch unser heutiges Weihnachtsfest basiert auf diesen Traditionen. Da Christus von den frühen Christen als Lichtbringer verehrt wurde, kann es kein Zufall sein, dass seine Geburt im 6. Jahrhundert n. Chr. auf den 24. Dezember festgesetzt wurde und mit einem ursprünglichen Fest verbunden wurde.

Die Bedeutung der Wintersonnenwende für dich

Viele alte Rituale, die sich um die Wintersonnenwende drehen, haben die Erneuerung, Reinigung, Wende oder die Verbindung zu den Ahn*innen zum Inhalt. Dies ist dein Neubeginn. Die Wintersonnenwende ist ein besonderer Tag, der dir jedes Jahr neue Kraft schenkt und dich dazu einlädt, eine Pause zu machen und dich selbst wieder aufzufüllen.

Einmal im Jahr kehrst auch du zurück in deinen ursprünglichen Zustand des Seins. Hier kannst du auftanken, dich ausruhen. Beim Atmen haben wir diesen Moment dazwischen, in dem der Atem stillsteht, in dem weder das Eine noch das Andere ist, nur Ruhe und freier Raum ... So ist es auch in der Nacht der Wintersonnenwende. Du stehst mit einem Bein im alten und dem anderen Bein im neuen Zyklus.

Nutze also diese magische Nacht dazu, dir bewusst zu machen: Das Leben ist eine ständige Entwicklung. Es ist eine Zeit, in der du dich auf das Wesentliche besinnen und dich auf deine innere Stimme konzentrieren kannst. Gehe bewusst in die Stille und lasse es zu, dass sich das Tor zu deiner inneren Welt öffnet. Tauche tief in deine Seele, wo die eigentliche Magie beginnt. Die Rituale zur Wintersonnenwende helfen dabei, diesen Prozess zu unterstützen.

Entzünde das Licht

Dieses Ritual lädt dazu ein, das alte Jahr loszulassen und das neue einzuladen. Es schafft Raum für Reflexion und Dankbarkeit und öffnet das Herz für neue Chancen und Möglichkeiten. Lade dir für dieses Ritual ein paar Freunde ein, oder mache es für dich allein. Lass dich von der Magie der Muttergöttin inspirieren!

DU BENÖTIGST:

◊ eine große Kerze für die Raummitte
◊ für jede*n Teilnehmer*in eine neue Kerze
◊ Räucherwerk, wie z. B. Weihrauch
◊ Feuerzeug oder Streichhölzer
◊ für jede*n Teilnehmer*in eine Kerze, die er/sie in der Adventszeit genutzt hat (die Kerze von dem Ritual in den Sperrnächten)
◊ Orakelkarten

Hinweis

Sehr gern kannst du vorbereitend zum Ritual dein Heim mit Salbei räuchern.

Lade dir für dieses Ritual ein paar Freunde ein. Schafft euch gemeinsam einen gemütlichen Ritualplatz. In der Mitte steht die große Kerze und um sie herum pro Teilnehmer eine neue Kerze. Alle Kerzen sind zunächst aus. Eröffne den heiligen Raum und nehmt alle ein paar beruhigende tiefe Atemzüge, die euch mit der Erde verbinden. Entzünde das Räucherwerk und reinige dich und alle Beteiligten, indem du den Rauch ein wenig um alle herumwedelst.

Entzündet zunächst nacheinander die genutzten Kerzen aus den Sperrnächten, die das vergangene Jahr symbolisieren, und stellt sie vor euch.

Blickt in die Flamme und erinnert euch an alle Ereignisse des vergangenen Jahres – dies kann still geschehen oder es findet ein kleiner Austausch statt. Bedankt euch noch einmal bei diesem Jahr, den einzelnen Monaten und allen Erlebnissen, und löscht dann einer nach dem anderen das Licht der alten Kerzen. Nun ist es vollkommen dunkel. Kommt zu Ruhe. Atmet ein paar Mal bewusst ein und aus. Erinnert euch, dass auch die Natur ein- und ausatmet. Ihr steht vor dem Einatmen, vor dem erneuten Wachsen. Doch vorerst ist es dunkel und still. Im Dunkeln tritt das Sehen in den Hintergrund, die anderen Sinne werden aktiver.

Nachdem ihr eine Weile in der Dunkelheit gesessen habt, entzündet die große Kerze in der Mitte. Nacheinander entfacht jeder Teilnehmer seine eigene Kerze an der großen Kerze. Jede*r hält sein Licht in den Händen vor dem Herzen und dankt der Mutter Göttin mit folgenden Worten:

„Große Göttin, wir danken dir für das Licht in der Dunkelheit. Wir bitten dich um deinen Segen für die kommende Zeit. Lass uns im Einklang mit deiner Natur leben und unsere Herzen öffnen für deine Liebe und Weisheit."

Lasst die Worte leise durch den Raum verhallen, während alle ihre Kerze wieder behutsam auf dem Altar platzieren. Es ist ein Moment des Friedens und der Einkehr – eine Erinnerung daran, dass auch in Zeiten der Dunkelheit immer ein kleines Licht am Ende des Tunnels zu finden ist.

Die Große Göttin hält für jeden eine nährende und kraftvolle Vision für die stille Zeit bereit, die nun beginnt. Legt dazu die Orakelkarten aus und zieht reihum jeweils eine Botschaft.

Sobald jede*r seine Karte gezogen und seine Botschaft erhalten hat, lasst ihr den Abend gemütlich mit einem Ritualschmaus ausklingen. Vergesst nicht, am Ende des Abends den heiligen Raum zu schließen. Später nehmen alle ihre neue Kerze mit nach Hause und entzünden sie täglich in den Rauhnächten. Dadurch seid ihr in diesen Tagen über ein unsichtbares Band des Lichts miteinander verbunden.

Julklotz

Der Julklotz, auch als Weihnachtsbrauch bekannt, ist eine alte Tradition,
die in vielen europäischen Ländern einst sehr beliebt war. Der ursprüngliche Sinn
dieses Brauches war es, das Alte loszulassen und Platz für Neues zu schaffen.

DU BENÖTIGST:
◊ Holzklotz einer Eiche oder Esche; alternativ ein paar Äste
◊ verschiedene getrocknete Kräuter, z. B. Salbei, Rosmarin, Thymian ...
◊ Kordel
◊ Kamin oder Feuerschale

Dekoriere deinen Holzklotz mit den Kräutern, indem du sie mit der Kordel festbindest. Solltest du keinen Holzklotz haben, binde ein paar Äste mit den Kräutern zusammen. Entzünde in deiner Feuerschale ein Feuer und lege deinen Julklotz dazu. Lass ihn verbrennen, bis außer Asche nichts mehr übrig ist.

Indem du den Julklotz verbrennst, löschst du die Vergangenheit aus und schaffst Raum für Neues. Dabei bleibt die Essenz jedoch erhalten. Sammle die Überbleibsel sorgfältig ein und teile die Asche in zwei Häufchen. Eine Hälfte davon bringe hinaus in den Garten oder die Natur, um das Wachstum der Natur zu unterstützen. Den anderen Teil platziere auf deinem persönlichen Altar. Er wird dir in den Rauhnächten als Glücksbringer dienen.

Meditation zum Julfest

Meditationen
als Hörfassung

*Die Wintersonnenwende markiert den Wendepunkt des Jahres und symbolisiert
die triumphale Rückkehr des Lichts. Diese Meditation ist eine Möglichkeit, das
Licht in deinem Inneren wieder zu entzünden und einen Neuanfang zu starten.*

Sorge dafür, dass du ungestört bist und mach es dir bequem. Lehn dich zurück und nimm ein paar tiefe, ganz bewusste Atemzüge. Atme ein, und beim Ausatmen atme den heutigen Tag aus dir heraus. Atme tief in dich hinein, und beim Ausatmen lass los.

Vergiss alles, was du noch erledigen musst. Entscheide dich, die Gedanken loszulassen, auch wenn sie noch in dir nachklingen werden. Lass sie einfach verblassen. Und spüre, wie dein Körper atmet, wie dein Atem von allein fließt.

Stell dir nun vor, wie du durch eine friedliche Winterlandschaft gehst. Nachdem du schon eine ganze Weile gegangen bist, ist es völlig ruhig um dich herum geworden. Die Dunkelheit legt sich bedächtig auf die Landschaft. Der Mond ist aufgegangen und steht am Himmel. Ganz gemächlich machst du einen Schritt nach dem anderen. Der Schnee knirscht unter deinen Füßen und alles Alltägliche fällt mehr und mehr von dir ab.

Du spürst die Besonderheit dieser Nacht. Es ist die dunkelste Nacht im Jahr und zugleich die Wiedergeburt des Lichts. Die Dunkelheit verändert immer mehr die Landschaft. Die Büsche am Wegesrand schimmern silbergrau und tausende Sterne leuchten über dir. Du bist verbunden mit der Unendlichkeit. Dein Weg führt an einem kleinen Wäldchen vorbei und die Äste bewegen sich sanft im Wind. Du siehst ein Licht in der Ferne, gehst näher heran und erkennst ein Feuer. Du näherst dich langsam dem Feuer. Bei ihm angekommen, spürst du die Wärme, die Kraft und die Energie dieses Feuers. Um dich herum ist nur Dunkelheit, das Mondlicht und die Kälte der Nacht. Vor dir die pulsierende Wärme der Flammen.

Du schaust in das Feuer und lässt die letzten Tage, die Monate, an dir vorbeiziehen. Du siehst noch einmal den bunten Herbst, den heißen Sommer, den blühenden Frühling. Was gewesen ist, kannst du nicht ändern.

Doch woran bist du gewachsen? Und wofür bist du dankbar? Du hast das Gefühl, als könntest du ganz neu beginnen. Was darf im alten Jahr bleiben?

Nun darfst du all das, was dich von deinem Weg abhält, was im alten Jahr verabschiedet werden soll, in das Feuer geben. Wie einen ins Feuer geworfenen Ast schmeißt du alle Sorgen, Zweifel und Verletzungen in das Feuer. Du lässt alles los, was dich irgendwie beschäftigen will.

Du beobachtest die tanzenden Funken, und du spürst, wie auch in dir ein Funke entzündet wird. Ein Funke aus reinem Licht. Und dieses Licht dehnt sich immer weiter in dir aus. Es pulsiert durch deinen Körper und durchflutet dein gesamtes Sein. Jede Zelle in dir leuchtet auf. Das Licht beginnt sich in deinem ganzen Körper auszubreiten. Stell dir vor, wie es immer weiter wird. Du bist Licht. Du bist sanft und warm und voller Liebe. Du entspannst dich. Erlaube deinem Körper ganz weich zu werden.

Dieses warme Gefühl breitet sich wie ein warmer Schauer in deinem gesamten Körper aus. Spüre, wie gut es dir tut, und lass dich von ihm reinigen. Lass alles von dir abfallen. Das

Licht weitet sich in dir aus und strahlt über die Grenzen deines Körpers hinaus. Und du wirst immer heller.

Du fühlst dich frei und leicht, frisch und klar. Spüre, wie das Licht in dir noch heller wird. Dein Körper erstrahlt, sonnig, warm und hell. Spüre, wie dich das Licht des Feuers wie ein goldener Schimmer durchweht. Bleibe eine Weile. Um dich herum die Dunkelheit, vor dir das wärmende Feuer und in dir das strahlende Licht. Bleibe in dieser Stille, lass dein Licht noch weiter werden.

Nun spürst du, es ist Zeit, wieder zurückzugehen. Das Feuer vor dir ist kleiner geworden, nur noch eine Glut, und das Licht in dir ist größer geworden. Du bist ganz klar. Du vertraust auf alles, was jetzt auf dich zukommt. Du bist erneuert und frisch und weißt, du bist auf dem richtigen Weg. Vertraue!

Lass deine Atmung bewusster werden. Spüre dein sanftes Lächeln im Gesicht und strahle nach außen in deine eigene Welt. Und wenn du bereit bist, öffne ganz langsam deine Augen für deinen neuen Moment – in Frieden.

Unterstützung aus der Natur

EDELSTEINE UND ÄTHERISCHE ÖLE FÜR DAS JULFEST

BERGKRISTALL

Der Bergkristall ist ein wahrer Meisterheiler unter den Edelsteinen und ein wertvoller Katalysator auf dem Weg zu deinem wahren Selbst. Er vermag es, Klarheit und Ordnung zu schaffen und deine inneren Bedürfnisse von äußeren Einflüssen zu befreien. Indem er dich dabei unterstützt, dich auf dein höheres Selbst auszurichten, fördert er die Beruhigung deines seelischen Zustands und schenkt dir eine harmonischere Lebensweise. Der Bergkristall hat auch eine starke Wirkung auf die spirituellen Fähigkeiten und kann dabei helfen, deine Konzentration, Achtsamkeit und Gedächtnisleistung zu steigern. Als Meditationsstein ist er daher von unschätzbarem Wert.

OBSIDIAN

Der Obsidian hat eine beeindruckende Wirkung auf Körper und Geist. Er verstärkt den Fluss der vitalen Lebensenergie und schärft das innere Sehvermögen. Als Schutzschild vor fremden Energien fördert er zudem die energetische Unabhängigkeit und beseitigt wirkungsvoll Blockaden im Energiefluss. Der Heilstein bringt somit verborgene Eigenschaften aus dem tiefsten Inneren des Menschen an die Oberfläche und unterstützt dabei, Veränderungen anzunehmen und aus Erfahrungen zu lernen. Die Energie des Steins hilft, ein klares Bild zu erhalten, und erdet.

WEIHRAUCH

Weihrauch ist ein bewährtes Mittel zur Entspannung und mentalen Regeneration. Seine beruhigende Wirkung führt zu einem vertieften Atem und erleichtert den Einstieg in einen meditativen Zustand. Zudem stärkt Weihrauch das Selbstbewusstsein und verleiht neue Energie und Lebensfreude. Durch seine Anwendung kannst du dich mit dem Göttlichen in dir und der Welt um dich herum verbinden und deinen Platz erkennen. Der Duft des Weihrauchs ermöglicht den Kontakt zu deinem unsterblichen und göttlichen Wesen.

Magische Rauhnächte

Der Zauber beginnt!
Höre, was deine Seele
flüstert.

Eine Pause, bevor es weitergeht

Der neue Jahreszyklus beginnt nicht unmittelbar. Ist die Wintersonnenwende das Ende oder bereits der Anfang? Alles fließt in dieser Zeit ineinander. Und das scheint auch das große Geheimnis dieser Zeit auszumachen. Immer, wenn etwas Altes zu Ende geht, öffnet sich ein Zeittor. Die Rauhnächte sind genau das – die große Pause im Jahr, eine überaus magische Zwischenzeit, die immer wieder auch als „Torweg in das neue Jahr" bezeichnet wird.

Hier verschmelzen Gegensätze auf wunderbare Weise: Dunkelheit und Helligkeit, Feierlichkeit und Besinnung, Endlichkeit und Unendlichkeit, Reflektion und Vorfreude. Früher waren die Höfe im Winter still, es gab keinen Strom, die Tage waren kurz, eine dichte Schneedecke legte sich über alles. Die Menschen haben ihre Zeit mit Geschichten, Märchen, Ritualen, Musizieren, Handarbeiten und

Orakeln verbracht. Diese Zeit war schon immer da für die Reflexion, den Rückblick auf das vergangene Jahr und den Ausblick auf das kommende. Eine Zeit, um innezuhalten und sich bewusst zu machen, was wirklich wichtig im Leben ist. Auch Menschen, die sich nicht mit alten Mythen oder Spiritualität befassen, spüren oft, dass diese „Tage zwischen den Jahren" etwas Besonderes sind und sich auf einzigartige Weise von der restlichen Zeit des Jahres unterscheiden. Viele nehmen sich von der Arbeit frei: Es ist endlich Zeit für die Familie, für ausgedehnte Frühstücke und für gemütliche Abende mit lieben Menschen.

Die genaue Entstehung des Namens „Rauhnacht" ist bis heute unklar und es existieren verschiedene Theorien dazu. Eine Vermutung besagt, dass der Name auf das Räuchern zurückzuführen ist, da dies ein wichtiger Bestandteil der Rituale in dieser Zeit war. Jedoch könnte das „Rau" im Wort auch vom Begriff „raunen" stammen, da es eine Tradition ist, auf geheimnisvolle Geräusche aus anderen Welten zu lauschen. Eine weitere Möglichkeit ist, dass das „rauh" auf das althochdeutsche Wort „*rûn a*" zurückzuführen ist, was mit „*Geheimnis*" übersetzt werden kann. Eine andere Theorie besagt, dass der Name auf das mittelhochdeutsche Wort „*rûch*" (haarig) zurückgeht, was eine Verbindung zur „*Wilden Jagd*" mit ihren Dämonen nahelegt. Trotz der vielen Spekulationen bleibt die genaue Herkunft des Namens „*Rauhnacht*" ein Geheimnis. Die Rauhnächte bleiben immer ein Stück unfassbar, nicht umsonst werden sie auch „*Niemandszeit*" genannt.

Viele Rauhnachtsrituale wurden nur mündlich überliefert, einige werden – etwas abgewandelt – bis heute gepflegt. So wurden zu Silvester früher lärmende Umzüge veranstaltet, um Altes zu vertreiben – heute übernehmen das Knallkörper. An einigen Orten in den Alpen finden bis heute Perchtenläufe statt, bei denen Menschen in Gewändern aus Tierfellen durch die Siedlungen ziehen. Sie erinnern an die behaarten Kreaturen

der „Wilden Jagd", die von der Percht begleitet wurden. Die Vermischung von heidnischen Bräuchen der Göttinnenverehrung mit christlich-religiösen Traditionen ist in dieser Jahreszeit besonders ausgeprägt. In der Zeit zwischen Jesu Geburt und dem Erscheinen der Heiligen Drei Könige am 6.1. soll Gott besonders aktiv mit den Menschen kommuniziert haben.

Diese Zeit ist somit von großer spiritueller Bedeutung und öffnet den Raum für einzigartige Erfahrungen und Erlebnisse. Insgesamt bieten die Rauhnächte eine besondere Möglichkeit zur Reflexion über Vergangenes sowie zum Blick nach vorn auf kommende Herausforderungen im neuen Jahr.

Woher kommt das Arbeitsverbot in den Rauhnächten?

In der nordischen Mythologie spielten die Nornen eine wichtige Rolle. Die Nornen sind drei weise Schwestern. Sie heißen Urd, Verdandi und Skuld und sind bei der Geburt eines jeden Wesens zugegen. Sie sind die gefürchtetsten Göttinnen, da sie über das Schicksal jedes einzelnen Wesens entscheiden. Um das wahre Schicksal zu erkennen, werfen sie nach der Geburt der Sonne (und dementsprechend des neuen Jahres) die sogenannten Los-Stäbchen. Sie sehen das Los aller Wesen und spinnen den Faden des Schicksals für das neue Jahr die ganzen Rauhnächte hindurch bis zur Perchtennacht, der letzten Rauhnacht. Dann ist das Schicksal besiegelt.

Wurde der Faden einmal gesponnen, gab es kein Zurück mehr. Niemand durfte das Spinnen der Nornen stören oder versuchen, ihre Entscheidung zu beeinflussen – es war schlichtweg tabu. Oberstes Gebot der alten Muttergöttin Percht war, dass sich auch die Menschen als Teil der Natur daran halten. Somit sind während der Rauhnächte die Naturgesetze außer Kraft gesetzt und das Tor zur Unterwelt steht weit offen. Die Geister der *„Wilde Jagd"* preschten durch die Nacht und schauten, ob jemand sich den Gesetzen der großen Urmutter und der drei Nornen widersetzte. Aus diesem Grund sollten alle Spinnräder zu dieser Zeit still stehen und auch jegliche andere Arbeit niedergelegt sein. Überlieferten Mythen zufolge legte Percht besonders bei Frauen diese Regeln streng aus. In dieser Zeit der Rauhnächte durfte nicht geputzt, gewaschen, gewebt oder gesponnen werden. Aber auch sonst sollte sich nichts drehen, weder zum Vergnügen noch bei der Arbeit. Vor allem durfte keine Wäsche gewaschen und aufgehängt werden, da man befürchtete, dass die weißen Kleidungsstücke oder Bettlaken an der Leine von der *„Wilden Jagd"* entwendet und im neuen Jahr als Totenhemden verwendet werden könnten.

Um die durch die Lüfte rasenden Kreaturen milde zu stimmen, stellten die Bewohner Speisen wie Fleisch, Kuchen oder Hülsenfrüchte vor ihre Türen. Alles Böse wurde mit ganz bestimmtem Pflanzenrauch vertrieben und gute Geister mit speziellen Düften angelockt. Noch immer gibt es in verschiedenen Regionen die Tradition, in den Rauhnächten den „*Drei Nornen*" , den „*Heiligen Schwestern*" bzw. den „*drei Bethen*" abends eine Schale mit Milch oder Milchreis zu füllen und über Nacht stehen zu lassen, um sie so milde zu stimmen. Vielleicht möchtest auch du diese Tradition wieder aufleben lassen?

Alte überlieferte Bräuche in den Rauhnächten

Es wurde überliefert, dass die Schleier zwischen den Welten in bestimmten Nächten dünner werden und es Mythenwesen, Göttern und Geistern ermöglichen, auf die Erde zu kommen und die Menschen auf die Probe zu stellen. An einigen Orten galten diese Nächte als so gefährlich, dass spezielle Regeln beachtet werden mussten. Unsere Vorfahren haben im Laufe der Zeit viele Bräuche entwickelt, um sich vor den möglichen Gefahren zu schützen. Vielleicht möchtest du diese alten Überlieferungen wiederbeleben und in diese Zeit des Jahres integrieren?

- jede Nacht stellt man ein Licht ins Fenster, um von bösen Geistern verschont zu bleiben

- keine Wäsche waschen und zum Trocknen aufhängen

- Schale mit Milch oder Milchreis herausstellen für die drei Nornen

- nach Einbruch der Dämmerung nicht mehr herausgehen, allenfalls mit Licht in der Hand

- möglichst viel aus dem Herzen heraus schenken, niemals einen Bettler abweisen

- keinen Krach machen, nicht mit den Türen schlagen

- nicht streiten, schimpfen, fluchen

- regelmäßig räuchern

- den Tieren zuhören

Zwiebelorakel

Das Zwiebelorakel ist eine alte, überlieferte Form der Wetterprophezeiung aus den Rauhnächten, die bereits seit Jahrhunderten praktiziert wird. Es ist ein sehr einfaches Ritual, das wenig Zeit erfordert. Also probiere es doch einfach mal aus und lass dich überraschen, was das Zwiebelorakel für dich bereithält!

DU BENÖTIGST:
◊ eine Zwiebelschale für jede Rauhnacht
◊ Salz
◊ Teller und Teelöffel

Lege jeden Rauhnachtsmorgen eine Zwiebelschale auf einen Teller. Bestreue sie mit einer Teelöffelspitze Salz. Lasse anschließend die Zwiebelschale den ganzen Tag und über Nacht stehen.

Am nächsten Morgen kannst du das Ergebnis ablesen: Das Salz entzieht den Zwiebeln Feuchtigkeit, wodurch sie schrumpfen und ihre äußere Schicht verändert sich. Je nachdem, ob die Schale der Zwiebeln glatt oder rau ist, ob sie sich leicht oder schwer ablösen lässt, kann man Rückschlüsse

auf das Wetter im entsprechenden Monat ziehen.

Am kommenden Morgen wird sorgsam geprüft, welche Zwiebelnäpfchen das Salz in sich aufgenommen haben. Die Beschaffenheit des Salzes in den Näpfen gibt Aufschluss über das zu erwartende Wetter im kommenden Monat. Wenn das Salz feucht ist, dann ist mit feuchtem Wetter zu rechnen. Sollte sich das Salz vollständig in Wasser aufgelöst haben und die Zwiebelschale gefüllt sein, dann deutet dies auf einen sehr nassen Monat hin. Wenn jedoch die Zwiebelschale trocken ist, dann ist ein trockener Monat zu erwarten. Die Genauigkeit dieser Methode ist verblüffend und kann helfen, sich auf das kommende Wetter einzustellen.

Wann genau sind die Rauhnächte?

Es gibt keine eindeutige Antwort auf diese Frage, da es verschiedene Interpretationen gibt. Die am meisten verbreitete Annahme ist, dass die Raunächte mit der Nacht vom 24. auf den 25. Dezember beginnen. Diese Nacht ist auch bekannt als „Mutternacht". Die Wintersonnenwende, die als Mutternacht gefeiert wurde, fiel im julianischen Kalender auf den 25.12. und wurde mit der Einführung des gregorianischen Kalenders auf den 21.12. vordatiert. Durch die Verschiebung des Datums der Wintersonnenwende erklären sich auch die verschiedenen Theorien zum Beginn der Rauhnächte. Die einen halten an dem Ereignis der Wintersonnenwende fest, die anderen an dem Datum, dem 25.12.

Diese „Mutternacht" leitet nun die „Rauh- oder Weihenächte" ein, die üblicherweise bis zum Perchtentag, der am 6. Januar gefeiert wird, gehen. Innerhalb des christlichen Kulturkreises wird der 6. Januar als der Tag der „Heiligen Drei Könige" begangen. Interessanterweise lässt sich dessen Entstehung auf die alten Göttinnen, die drei Bethen (Nornen), zurückführen. Es wird vermutet, dass das ursprüngliche Weihnachtsfest ebenfalls am 6. Januar stattfand. Allerdings wurde dieses Datum verlegt, da zuvor die „Heiden" große Feierlichkeiten zur Wintersonnenwende abhielten, in denen das neue Licht im Mittelpunkt ihrer Rituale stand. (Die orthodoxen Kirchen feiern Das Weihnachtsfest noch immer am 6. Januar.)

Und wann beginnt jede einzelne Rauhnacht? Auch darüber gibt es verschiedene Auffassungen: Punkt Mitternacht, sagen die einen; schon am Vorabend, meinen die anderen. Meist geht man davon aus, dass die Rauhnächte um Mitternacht nach dem Heiligen Abend beginnen und mit dem Null-Uhr-Glockenschlag zum 6. Januar enden. Man zählt dann vom 25. Dezember bis einschließlich 5. Januar zwölf Nächte. Die erste Rauhnacht umfasst also den kompletten 25. Dezember, die zwölfte den 5. Januar, und jede dieser Nächte dauert von Mitternacht bis Mitternacht.

Da die meisten von uns bis zum 24.12. noch vieles zu erledigen haben, starten wir in diesem Buch am 25.12. mit den Rauhnächten, um dann auf einige ruhige Tage am Stück zu schauen.

Rauhnächte – Bedeutung für dich

Die Rauhnächte sind viel mehr als nur ein Überbleibsel aus längst vergangenen Zeiten – sie bieten auch heute noch eine Chance zur Selbstreflexion sowie zum persönlichen Wachstum und zur Weiterentwicklung. Es ist eine Transformation, die jetzt beginnt und stetig voranschreitet. In der Dunkelheit der Rauhnächte kannst du dich auf deine innere Welt konzentrieren, dich von äußeren Ablenkungen lösen und deinen Fokus auf jene Dinge legen, die es verdienen, in dein Leben integriert zu werden.

Nimm dir in den Rauhnächten Zeit, um dir eine Pause von deinem Alltag zu gönnen und in deine eigene Welt abzutauchen. Versinke für ein paar Tage in den Tiefen deiner Seele. In der Welt der gefühlten Ewigkeit kannst du dich erholen und neue Ideen sammeln. Und vor allem auch Träumen nachhängen. Wenn du dir die Zeit nimmst und in deinen Seelengarten reist, kannst du herausfinden, welche Visionen in dir schlummern. Du kannst herausfinden, was dir wirklich wichtig ist und welche Schritte du unternehmen musst, um deine Ziele zu erreichen. Lerne ganz bewusst wieder, deiner inneren Stimme zu folgen.

Achte vor allem auf deine Bedürfnisse: Vielleicht möchtest du viel lesen, alte Hobbys wieder aufleben lassen oder einfach bei ausgedehnten Spaziergängen in der klaren Winterluft Ruhe finden. Manchmal reicht es schon aus, „nur" einen gemütlichen Abend auf dem Sofa zu verbringen. Nutze diese besondere Zeit bewusst und achtsam. Die Rauhnächte eignen sich aber auch perfekt dazu, um neue Inspirationen und stärkende Routinen in deinen Alltag einzubauen. Vielleicht möchtest du mit täglicher Meditation oder Yoga beginnen. 10–20 Minuten am Tag reichen aus, um neue Gewohnheiten zu etablieren, und wahrscheinlich möchtest du schon bald im Alltag nicht mehr darauf verzichten.

Nutze die Rauhnächte, um dich selbst besser kennenzulernen und deine Stärken zu entdecken. Deine Auszeit für die Seele kann Wunder bewirken – nicht nur für dein inneres Gleichgewicht sondern auch für deine kreativen Prozesse sowie beruflichen Erfolge.

Zeit des Orakelns

In der Vergangenheit glaubten die Menschen fest an den Einfluss der Nornen und hielten es für notwendig, ihnen Respekt zu erweisen und ihrem Wirken mit nichts in die Quere zu kommen. Viel eher wurden sie selber still, denn mit etwas Glück konnte man, wenn man ganz leise war, das Raunen der Nornen aus der anderen Welt hören, die leise die Geschichte flüstern. Daher sind die Rauhnächte eine wichtige Zeit des Orakelns. Wer möchte nicht wissen, was der Zauber der Zukunft bringt? Was kündigt sich in der Dunkelheit Lichtvolles für das kommende Jahr an?

Diese zwölf Nächte werden als Omen für die kommenden zwölf Monate des neuen Jahres gesehen. So bilden die zwölf Rauhnächte im kleinen den gesamten Jahreskreis des neuen Jahres ab. Jede Rauhnacht entspricht hierbei einem Monat des neuen Jahres. Jede Rauhnacht verkörpert die Energie des jeweiligen Monats, die dich mit ganz bestimmten Qualitäten unterstützen möchte. Und ebenso kannst du in jeder Rauhnacht erkennen, was in dem dazugehörigen Monat passiert.

Die Schamanen*innen aus alten Kulturen zogen sich in dem Zeitraum zwischen den Jahren in ihre Traumhütten zurück. Dort öffneten sie sich für neue Visionen, die ihrem Volk zugutekommen sollten. Sie beteten ihre stärksten und innigsten Gebete, um die Fülle aufs Neue zu manifestieren.

Tipp

Mach es dir zur Priorität, die Rauhnächte in deinem eigenen Rhythmus zu begehen. Es gibt kein festgelegtes Datum, an dem du starten musst – es liegt ganz bei dir, ob du dich bereits zur Wintersonnenwende in die Rauhnächte begibst oder erst nach den Weihnachtsfeierlichkeiten. Wichtig ist, dass du dir Zeit nimmst, um innezuhalten und der Stille in deinem Tagesablauf Platz zu geben. Es gibt keine falsche oder richtige Vorgehensweise. Es geht viel mehr darum, die Seele zur Ruhe kommen zu lassen und dich mit dir selbst zu verbinden. Lass dich von dogmatischen Regeln nicht einschränken. Nutze diese heilige und heilende Zeit, um Schätze aus deinem tiefsten Seelenraum zu heben.

Für deine Wünsche zum Download für dich vorbereitet

RITUAL

13 Wünsche (25.12.–5.1.)

Während der Rauhnächte weben die „Drei Nornen" auch dein Schicksal. Es ist, als würde Magie in der Luft liegen, und du hast die Möglichkeit, sie zu nutzen. Lass dich von dem Zauber umgeben und ergreife die Chance, deine sehnlichsten Wünsche mit dem 13-Wünsche-Ritual zu übergeben.

DU BENÖTIGST:

◊ Papier, Stift und Schere
◊ kleine Box, Beutel oder Glas
◊ Kerze
◊ Feuerzeug oder Streichhölzer
◊ feuerfeste Schale

Nimm dir ein Stück Papier und schneide es in 13 gleich große Zettel. Schreibe 13 Wünsche für das neue Jahr, die dir besonders am Herzen liegen, auf die kleinen Zettel. Wichtig dabei ist, dass du sie positiv und in der Gegenwart formulierst. Also nicht: „Ich will nicht mehr krank sein", sondern: „Ich bin gesund".

Falte die kleinen Zettel so, dass du den Text nicht mehr lesen kannst. Dann lege sie in eine kleine Box, einen Beutel oder ein Glas.

In jeder Rauhnacht entzündest du nun abends, wenn es dämmert oder dunkel ist, eine Kerze und ziehst ein Zettelchen; also das erste am 25. Dezember und das letzte am 5. Januar. Öffne den Zettel nicht, sondern lass ihn geschlossen. Halte ihn einen Moment lang in deiner Hand und werde still. Dann verbrenne den Zettel, ohne den Wunsch zu lesen, und lasse den Rauch vom Wind verwehen. Dies ist deine Luftpost an die „Drei Nornen".

Am Ende der Rauhnächte bleibt einer deiner Wünsche übrig. Lies ihn. Es ist der Wunsch, um dessen Erfüllung du dich im nächsten Jahr selbst kümmern darfst. Bewahre ihn an einem Ort auf, wo du ihn nicht aus den Augen verlierst.

Deine Orakelzeit

Auch du kannst die Zeit der Rauhnächte für dich zum Orakeln nutzen.
Je nach Kulturkreis gibt es verschiedene Orakeltechniken. Die einen nutzen
Runen, andere Tarotkarten, wieder andere I-Ging oder bestimmte Meditationen.
Nutze die Kraft der Rauhnächte, um deinen inneren Kompass neu auszurichten
und deine Visionen klarer werden zu lassen.
Es ist wichtig, dass du nicht versuchst, irgendetwas zu erzwingen. Denn
nur so kannst du wertvolle Hinweise bekommen, die dir neue Wege aufzeigen.
Lerne ganz bewusst wieder, deiner inneren Stimme zu folgen. So können die
Rauhnächte dein Leben auf ganz wundersame Weise verändern.

1. KARTEN, RUNEN, ...

Wähle ein Orakel, welches sich für dich am stimmigsten anfühlt. Nimm dir täglich Zeit, eine Karte zu ziehen oder Runen zu legen. Notiere dir die Bedeutung für den jeweiligen Monat im kommenden Jahr. Bei jeder Rauhnacht im hinteren Buchteil findest du ein Feld, wo du dir Notizen machen kannst. Es ist sehr spannend, im Laufe des Jahres herauszufinden, inwiefern die Aussagen zugetroffen haben.

worten auf Fragen, die dich beschäftigen. Sie können sehr deutlich machen, in welche Richtung sich dein Leben „*wirklich*" entfalten will und können dir Hinweise geben, was im nächsten Jahr passieren wird.

Hörfassung online

2. TRÄUME

Mache dir Notizen zu deinen Träumen. Träume sind die Sprache der Seele. Sie haben die Kraft, dich darin zu bestärken, was du dir wirklich wünschst und was dich antreibt. Vielleicht entdeckst du in deinen Träumen neue Seiten an dir oder findest Ant-

Tipp

Ich habe für dich eine Meditation vorbereitet, die dich dabei unterstützt, Botschaften in deinen Rauhnachtsträumen zu empfangen.

3. MEDITATION

Nimm dir jeden Tag bewusst Zeit und Raum für dich selbst, um zu meditieren. Wenn du dich in deiner Mitte befindest, findest du Heilung, innere Führung und Weisheit. Lass dich inspirieren von den Botschaften in der Meditation sowiedeinen eigenen Visionen für die Zukunft.

Tipp

Düfte entführen dich auf eine andere Ebene, auf der Visionen und Emotionen geweckt werden. Nutze die unterstützende Wirkung von Lorbeer, Wachholder oder Weihrauch, um noch tiefer in diese Welt einzutauchen und deine Sinne zu schärfen. Entzünde dir für die Meditation etwas Räucherwerk. Lass dich von den Düften verzaubern.

BEGEGNUNGEN UND ALLTAG

Jede Interaktion, jedes Gespräch und jede Handlung in unserem Leben können als kleine Hinweise dienen, die uns dabei helfen, unser neues Jahr bewusster und zielgerichteter zu gestalten. Nutze diese wertvolle Gelegenheit, um dein Leben in die gewünschte Richtung zu lenken und neue Möglichkeiten zu ergreifen. Indem du dich in die Rolle des Beobachters begibst, kannst du deine Gedanken, Worte und Handlungen bewusster wahrnehmen. Achte darauf, welche Gedanken du hast, welche Worte du sprichst, ob das, was du tust, beseelt ist, dich lebendiger macht oder ob es dich schwächt.

MACH DIR IINNERHALB DER RAUHNÄCHTE NOTIZEN:

Was raubt mir Energie?

Was gibt mir Kraft?

Wer oder was entfernt mich von mir Selbst?

Wobei fühle ich mich wohl?

*Bei all dem, was du als unangenehm empfindest,
was dich belastet, was dich stresst oder schwächt,
spüre hin und frage dich:*

Muss ich das jetzt machen oder kann ich es aufschieben?

Kann ich es überhaupt vernachlässigen?

Muss das überhaupt ICH machen?

Was könnte ich stattdessen tun?

Warum glaube ich, dass ich das jetzt machen muss?

HIER IST PLATZ FÜR DEINE NOTIZEN:

Unterstützung aus der Natur

EDELSTEINE UND ÄTHERISCHE ÖLE FÜR DIE RAUHNÄCHTE

SELENIT

Der Selenit ist ein wahrhaftiger Begleiter für alle, die sich auf den Weg zu sich selbst begeben möchten. Dieser Edelstein steht für Abstand und Wahrheit und eröffnet eine neue Perspektive auf das höhere Ich. Der Selenit löst Energieblockaden auf, harmonisiert und stabilisiert deine Chakren und gibt dir damit ein Gefühl der inneren Ruhe und Balance. Mit dem Selenit an deiner Seite wirst du dich selbst in einem neuen Licht sehen und dein wahres Potenzial entfalten können.

AMETHYST

Der Amethyst ist ein wohltuender Heilstein. Er hat eine beruhigende Wirkung auf das Nervensystem und das Herz und verbessert die Konzentration. Wenn er unter dem Kopfkissen liegt, schützt er vor Albträumen und sorgt für einen erholsamen Schlaf. Der Amethyst ist ein Meister darin, angstgetriebene Gedanken zu besänftigen, die sonst schwer zu kontrollieren sind. Seine reinigenden Kräfte klären den Geist von unnötigen Gedanken und Emotionen. Er beruhigt das Gemüt und bringt auf lange Sicht inneren Frieden.

MUSKATELLERSALBEI-ÖL

Mit dem Muskatellersalbei-Öl kannst du dir eine erholsame Nacht gönnen, dank seines erdig-blumigen Dufts. Ein paar Tropfen in der Duftlampe sorgen für eine wundervolle Ruhe und bereiten dich auf Botschaften aus der Anderswelt vor. Dieses Öl kann auch deine Stimmung heben und dir die Lebensfreude zurückbringen. Muskatellersalbei-Öl eignet sich perfekt, um deine Kreativität zu wecken, da es den Geist öffnet und deine Phantasie anregt.

Dein Zauber beginnt

Die Rauhnachtszeit bietet eine einzigartige Möglichkeit, sich mit der geistigen Welt und der Natur zu verbinden. Ein Spaziergang im winterlichen Wald oder durch die weiße Landschaft ist eine wunderbare Gelegenheit, die frische Luft einzuatmen und sich zu reinigen. Ein klarer Atem steht für Klarheit im Leben, und es ist wichtig, sich daran zu erinnern, dass wir ein Teil der Natur sind. Genieße also die Zeit im Freien, denn jetzt zeigt uns Mutter Erde ihre unvergleichliche Kraft und Schönheit. Wichtig ist jedoch vor allem eins: Sei offen für Veränderungen! Nutze die kommenden Tage also bewusst dazu, dich selbst besser kennenzulernen und neue Wege einzuschlagen.

Natürlich bieten die Rauhnächte auch die Möglichkeit, in Rituale und Magie einzutauchen und so sich selbst zu reflektieren und zu erneuern und auf das kommende Jahr vorzubereiten – sowohl auf geistiger als auch praktischer Ebene.

Aber du solltest nicht vergessen, dass das Wichtigste in dieser Zeit **DU** bist! Du kannst die Zeit genauso achtsam verbringen, ohne zu räuchern oder zu orakeln. Konzentriere dich auf dich selbst und nutze diese besondere Zeit, um dich zu erden und deine innere Ruhe zu finden.

Ich wünsche dir wunderschöne Rauhnächte. Lass dich verzaubern und in eine Welt führen, in der du dir selbst ganz nah sein kannst.

Zutaten für die Rauhnachtsrituale

WAS DU ÖFTER BRAUCHST:
◊ Feuerzeug oder Streichhölzer
◊ Kerze
◊ Räucherwerk und Räucherschale
◊ Papier und Stift

1. Rauhnacht:
✦ verschiedene Kräuter:
z. B. frischer Ingwer, Minze,
Zimt, Fenchel, Kardamom
✦ Teesieb

2. Rauhnacht:
✦ Selenit

3. Rauhnacht:
✦ einige Samen (z. B. von Blumen,
Gemüse oder Kräutern)

4. Rauhnacht:
✦ getrockneten Rosmarin
oder Salbei
✦ Nüsse und Körner

5. Rauhnacht:
✦ Zimt, Thymian, Kardamomsamen
und Rosenblütenblätter
✦ Meer- oder Himalayasalz
✦ Sahne oder Olivenöl

✦ Rosenquarz
✦ ätherisches Rosenöl (optional)
✦ Bodylotion (optional)

6. Rauhnacht:
✦ mehrere kleine Steine
✦ Salbei zum Räuchern

7. Rauhnacht:
✦ Nüsse, Äpfel, Möhren ...

8. Rauhnacht:
✦ kleine Dose und Teelöffel
✦ Zucker
✦ Kupfergeldstücke (1 ct, 2 ct, 5 ct)

9. Rauhnacht:
✦ Kordel

10. Rauhnacht:
✦ Karotten, Äpfel, Nüsse, Samen ...

11. Rauhnacht:
✦ Kehrschaufel und Besen

12. Rauhnacht:
✦ Lorbeerblätter

Erste Rauhnacht

25. DEZEMBER

Die Stille ist voller Antworten.

JANUAR

Sinke hinein in die Unendlichkeit

THEMA: DIE KRAFT DER STILLE

WAS DIE NATUR UNS IM JANUAR ZEIGT

Im Januar hat Väterchen Frost einen starken Einfluss auf die Natur. Alles erscheint, wie in einem Zauberschlaf erstarrt. Der klare Himmel verleiht der Landschaft eine atemberaubende Schönheit und glitzernde Schneematten schmiegen sich sanft auf den Boden. Stille erfüllt die kalte Luft. Mutter Natur zeigt uns, dass nach der Zeit des Pflanzens, Pflegens, Erntens und Sorgens nun eine Zeit der Ruhe angebrochen ist.

DIE BOTSCHAFT

Es ist so weit. Der Zauber der Rauhnächte beginnt. Die erste Rauhnacht lädt dich ein stillzustehen und erst einmal bei dir und bei der Magie dieser besonderen Zeit anzukommen. Sie will dich daran erinnern, wie wichtig Ruhe und Stille für dein Wohlbefinden sind. Viele von uns leiden unter dem Stress, den das moderne Leben mit sich bringt. Wir rennen von einer Aufgabe zur nächsten, vergessen dabei unsere Bedürfnisse und fühlen uns andauernd erschöpft. Es ist daher sehr wichtig, dass du dir bewusst Zeit für Ruhe nimmst. Das kann bedeuten, dass du während der Arbeit alle paar Stunden eine kurze Pause einlegst oder auch mal einen

Tag komplett frei nimmst, um dich zu erholen. Um dir Pausen zu gönnen, musst du nicht weit gehen oder etwas Besonderes planen. Ruhe kann auch etwas ganz Simples sein: Ein Spaziergang an der frischen Luft zum Beispiel tut Körper und Geist gut. Alternativ kannst du dich auch in einen bequemen Sessel setzen und einfach mal die Augen schließen. Atme tief durch und lenke deine Gedanken für ein paar Minuten auf etwas Schönes, Positives. Oder höre Musik, mache Yoga-Übungen oder male etwas – tue, was immer dich entspannt.

In dieser Rauhnacht geht es nur um dich. Lass die schöpferische Stille deine Wurzeln mit Nährstoffen versorgen und erlaube dir, dich auszuruhen und zu regenerieren. Inmitten dieser Stille liegt eine Klarheit verborgen, die unglaublich heilsam ist und das Fundament für alles bildet, was du tust.

Erlaube dir, bewusst einen tiefen Moment der Stille, inneren Einkehr und des Friedens zu genießen.

Gerade diese Stille ermöglicht es dir, das leise Flüstern deiner Seele zu hören und in ein Gespräch mit ihr einzutauchen. Dadurch bekommst du ein tiefes Verständnis für dich selbst und erhältst letztendlich Antworten auf all deine Fragen. Diese Stille ist deine unerschöpfliche Quelle, aus der du immer wieder schöpfen kannst. Sie versorgt dich mit ganz viel Kraft und lässt deine Kreativität nur so sprudeln.

Wenn du regelmäßig in die Stille abtauchst, wird dies ganz automatisch, ohne dass du dich irgendwie anstrengen musst, zu einem Leben führen, in dem du das Gefühl hast, wieder vollkommen verbunden zu sein.

RITUAL FÜR DIE ERSTE RAUHNACHT

ZAUBERTRANK DER URGÖTTIN

Eine der berühmtesten Göttinnen für die Neugeburt ist Cerridwen. Sie rührt in ihrem Kessel die Ursuppe an, aus der alles Leben entsteht. Der Zaubertrank dieser alten Göttin schenkt dir Wandlung, Erkenntnis, Eingebung und kreative Energie. Vertraue dich in diesem Ritual der geheimnisvollen Kesselkraft der Göttin an und beginne so deine Reise durch die Rauhnächte.

DU BENÖTIGST:

◊ Kerze und Räucherwerk
◊ Feuerzeug oder Streichhölzer
◊ Edelsteine
◊ Topf mit Wasser
◊ Tee deiner Wahl
◊ verschiedene Kräuter:
  z. B. frischer Ingwer, Minze, Zimt, Fenchel, Kardamom
◊ Kochlöffel
◊ Teesieb
◊ Tasse

Begib dich in deine Küche. Zünde in der Nähe deines Herds eine Kerze an, eventuell auch etwas Räucherwerk, und platziere die Edelsteine um sie herum. Eröffne den heiligen Raum. Beruhige dich beim Betrachten der Flamme und atme einige Male tief ein. Bring das Wasser im Topf zum Kochen und sprich die Worte:

„Große Mutter des Universums, ich bin bereit, mich der Magie des Daseins hinzugeben. Ich gestatte mir, tiefgreifende Heilung und Wandlung in den Rauhnächten zu erfahren, sodass Veränderungen in allen Aspekten meines Wesens stattfinden können! So soll es sein und so wird es geschehen."

Dann gib deinen Tee und ein Gewürz in den Topf. So kommt nach und nach jedes Gewürz in den Topf. Die Gewürze stehen für das, was du verändern willst.

> **Ingwer**, damit ich mehr Kraft und Stärke habe.
> **Minze**, damit das, was träge ist, neue Frische bekommt.
> **Zimt**, damit die Gefühlskälte in Herzenswärme verwandelt wird.
> **Fenchel**, damit alles, was noch unklar verschleiert ist, sich lichtet.
> **Kardamom**, damit ich immer gute Laune habe.

Während des Kochens ist es wichtig, ab und zu umzurühren. Stelle dir vor, wie die Worte sanft in den Tee einströmen. Lass alles weiterhin auf kleiner Flamme köcheln. Anschließend seihe deinen Zaubertrank durch ein Teesieb ab.

Nun mache es dir auf deinem Lieblingsplatz gemütlich und gönne dir einige ruhige Atemzüge in der Stille. Sei gespannt auf den Geschmack deines magischen Verwandlungs-Elixiers. Genieße einige Schlucke des zauberhaften Tees und spüre, wie die Energie in dir aufblüht. Lass deiner Fantasie freien Lauf und beginne zu träumen. Stell dir vor, wie dein Leben sich gestaltet.

Abschließend bringst du den restlichen Zaubertrank mit den verkochten Kräutern nach draußen und schüttest ihn an einem schönen Platz aus. Danke dabei der Natur für alles, was sie dir schenkt, und schließe den heiligen Raum.

MEINE ERSTE RAUHNACHT

	1	2	3	4	5
Spaß & Freude					
Zeit für mich					
Ruhe & Entspannung					
Sport & Bewegung					
Gesundes Essen					
Gesamtstimmung					

HEUTIGES ORAKEL/ TAGESKARTE:

DAFÜR BIN ICH HEUTE DANKBAR:

TAGESQUALITÄT/ WETTER:

BESONDERE SYMBOLE, BÜCHER, ZEICHEN, ETC.:

WICHTIGE BEGEGNUNGEN:

Fragen für dich

WIE LEICHT FÄLLT ES MIR, ABZUSCHALTEN UND ZUR RUHE ZU KOMMEN?

WIE KANN ICH MIR KLEINE RUHEINSELN IM ALLTAG EINBAUEN?

KANN ICH MICH INNERLICH RUHIG FÜHLEN UND BEI MIR SELBST BLEIBEN, WENN ES VIEL UNRUHE IN DER UMGEBUNG GIBT?

WELCHE BELASTENDEN LÄRMQUELLEN KÖNNTE ICH AUSSCHALTEN?

WELCHE MÖGLICHKEITEN HABE ICH, MICH REGELMÄSSIG RICHTIG AUSZURUHEN?

MEINE TRÄUME

SCHLAF

	ruhig	unruhig	mehrmals aufgewacht	schlaflose Nacht
Wie habe ich geschlafen?				

DAS WAR HEUTE BESONDERS:

„Ich erlaube mir,
einfach nur zu sein."

Zweite Rauhnacht

◄ ── ●))◐◑((● ── ►

26. DEZEMBER

Ich habe den Mut, meiner
inneren Weisheit zu vertrauen

FEBRUAR

Lausche dem Lied deiner Seele

THEMA: IN DIR LIEGT EIN SCHATZ VERBORGEN

WAS DIE NATUR UNS IM FEBRUAR ZEIGT

Mit jedem Tag werden die Sonnenstrahlen intensiver und die Tage länger. Der Februar bringt die ersten Anzeichen des Frühlings mit sich, wenn die ersten Frühblüher ihre zarten Blütenköpfe aus dem Boden strecken. Sobald der frostige Griff des Winters nachlässt, beginnen die Schneeglöckchen und Krokusse zu sprießen und die Vögel zaghaft zu zwitschern. Es ist eine Zeit des Übergangs, in der die Natur langsam erwacht. Auch die Saaten, die in diesem Jahr wachsen wollen, bereiten sich im Inneren auf das Erscheinen vor.

DIE BOTSCHAFT

So viele Menschen halten sich selbst davon ab, ein erfülltes Leben zu führen, weil sie zu sehr auf ein großes Ziel fixiert sind. Besonders in einer Welt, die viel Wert auf Erfolg und Ergebnisse legt.

Doch alles in der Natur ist irgendwann aus einem kleinen Samen gewachsen und alles, was du jetzt im Leben machst, hat irgendwann ganz klein begonnen. Mit einer kleinen Idee. Erlaube dir, dich daran zu erinnern, dass du nicht alles verstehen oder wissen musst, wohin dein Weg dich führt. Die heutige Rauhnacht fordert dich auf, dich daran zu erinnern, dass tief in dir bereits der Samen für das Neue ruht. Diesen Samen findest du, indem du deinen tiefsten Sehnsüchten und Träumen auf die Spur kommst. Beginne , deine Bedürfnisse zu erkennen und anzunehmen. Schau in dich hinein, folge deinem Herzen und höre auf die innere Stimme, die dir sagt, was du dir wirklich wünschst. Tief im Inneren weißt du, wonach du dich sehnst.

Sobald du deine Bedürfnisse kennst, kannst du kleine Schritte unternehmen, um sie zu erfüllen. So kannst du neue Hobbys entdecken oder auch alte Leidenschaften wieder hervorkramen. Finde heraus, was dir Freude bereitet. Es geht nicht darum, anderen zu gefallen oder alles richtig machen zu wollen – es geht darum, dir selbst treu zu bleiben und deiner inneren Wahrheit zu folgen.

Heute ist der perfekte Tag, um etwas zu tun, das dir Freude bereitet. Spüre, wie deine Stimmung sich verändert, wenn du dich ins Leben stürzt und das tust, was deine Seele erfüllt. Wenn du im Einklang mit dir selbst handelst, wirst du es sofort spüren.

Dein Herz wird vor Freude hüpfen und du wirst ein Lächeln auf den Lippen haben. Du wirst Harmonie und Frieden spüren und dich rundum wohlfühlen. Nutze diesen Tag, um dich voll und ganz auf dich selbst und das zu konzentrieren, was dir guttut. Insgesamt geht es darum, dein Leben bewusster wahrzunehmen und aktiv dein Glück zu gestalten. Nimm deine Bedürfnisse ernst und sorge dafür, dass sie erfüllt werden – denn am Ende zählt vor allem eins: **Dass du glücklich bist!**

RITUAL FÜR DIE ZWEITE RAUHNACHT

LAUSCHE DEINER SEELE

Es ist nicht immer leicht, seine innere Stimme zu hören. Doch sie ist da, tief in dir drin – es ist entweder ein Ja oder ein Nein. Es ist wichtig, auf diese subtilen Botschaften zu achten und sie in dein Leben zu integrieren. Denn nur so kannst du wirklich glücklich sein und deine Träume verwirklichen. Mit diesem Ritual öffnest du dein drittes Auge und ermöglichst so deiner Seele, dir Botschaften zu senden.

DU BENÖTIGST:
◊ abgedunkelten Raum
◊ Schale mit Wasser
◊ Kerze
◊ Feuerzeug oder Streichhölzer
◊ Selenit (lenkt den Blick ins Innere, sodass du dich auf deine Fähigkeiten und eigentlichen Aufgaben besinnen kannst)
◊ Räucherwerk

Fülle die Schale mit frischem Wasser und platziere sie vor dir. Eröffne den heiligen Raum. Verbinde dich mit der Erde, indem du tief durchatmest und dich auf den Moment einlässt. Zünde die Kerze an und lass dich durch ihre sanfte Flamme beruhigen. Platziere die Schale so, dass das Licht der Kerze im Wasser reflektiert wird.

Nimm den Selenit zur Hand und lege ihn bewusst in das Wasser. Entzünde das Räucherwerk und atme langsam und tief ein, während du den Duft genießt. Lenke deinen Blick auf die

Spiegelungen im Wasser und versuche für kurze Zeit nicht zu blinzeln; erlaube deinen Tränen zu fließen. Nimm den Edelstein aus dem Wasser und halte ihn an deine Stirn, um dein drittes Auge zu reinigen. Sprich dabei folgende Worte:

„Ich vertraue meiner Seele und empfange jeden Tag ihre Botschaften."

Atme tief ein und fühle Respekt und Liebe in dir aufsteigen. Schließe deine Augen und lass dich von der Ruhe einhüllen. Behalte den Selenit in deiner Hand, mache es dir bequem und richte deinen Blick nach innen. Nimm trotz der geschlossenen Augen wahr, wie das Licht der Kerze unaufhörlich flackert und auch in dir brennt. Vielleicht siehst du Bilder vor deinem inneren Auge oder erhältst eine Botschaft deiner Seele.

Wenn du das Gefühl hast, dass alles in dir ruhig geworden und du völlig in deiner Balance bist, löschst du die Kerze wieder und schließt den heiligen Raum.

MEINE ZWEITE RAUHNACHT

	1	2	3	4	5
Spaß & Freude					
Zeit für mich					
Ruhe & Entspannung					
Sport & Bewegung					
Gesundes Essen					
Gesamtstimmung					

HEUTIGES ORAKEL/ TAGESKARTE:

DAFÜR BIN ICH HEUTE DANKBAR:

TAGESQUALITÄT/ WETTER:

BESONDERE SYMBOLE, BÜCHER, ZEICHEN, ETC.:

WICHTIGE BEGEGNUNGEN:

Fragen für dich

WANN BIN ICH IM EINKLANG MIT MIR SELBST?

ÜBER WELCHES THEMA INFORMIERE ICH MICH GERNE ODER KANN ICH MICH STUNDENLANG UNTERHALTEN?

WAS WÜRDE ICH TUN, WENN ICH WÜSSTE, DASS ICH – EGAL WAS PASSIERT – UNTERSTÜTZT WERDE?

WELCHE BELASTENDEN LÄRMQUELLEN KÖNNTE ICH AUSSCHALTEN?

MEINE TRÄUME

SCHLAF

	ruhig	unruhig	mehrmals aufgewacht	schlaflose Nacht
Wie habe ich geschlafen?				

DAS WAR HEUTE BESONDERS:

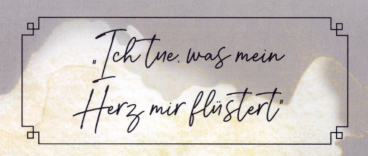

„Ich tue, was mein Herz mir flüstert"

Dritte Rauhnacht

27. DEZEMBER

Wer das Neue wagt,
dem wachsen Flügel.

MÄRZ

Es ist Zeit für einen Neuanfang

THEMA: AUFBRUCH UND NEUBEGINN

WAS DIE NATUR UNS IM MÄRZ ZEIGT

Der Monat März verspricht ein großes Naturspektakel. Der Frühling kehrt zurück und die Natur erwacht zu neuem Leben. Nach einem zögerlichen Start im Februar steht sie nun in den Startlöchern für ein großes Comeback. Pflanzen und Tiere zeigen sich hoffnungsvoll und lebendig, während die Welt um dich herum wieder in herrlichen Farben erstrahlt. Blütenmeere aus Krokussen kündigen den Beginn eines neuen Zyklus an. Endlich können wir wieder draußen spazieren gehen, Fahrrad fahren oder im Garten arbeiten. Es ist eine wunderbare Zeit voller neuer Energie und Möglichkeiten.

DIE BOTSCHAFT

Die dritte Rauhnacht schenkt dir Energie für Neuanfänge; sie macht deutlich, dass alles möglich ist – vor allem Hoffnung! Der Beginn eines neuen Weges ist immer aufregend, voller Möglichkeiten und Freude. Dein Neubeginn kann die Chance sein, dich selbst besser kennenzulernen und deine Talente zu entwickeln. Es ist auch die beste Gelegenheit, um neue Erfahrungen zu sammeln oder alte Gewohnheiten abzulegen – die Möglichkeiten sind endlos!

In der dritten Rauhnacht lädt dich das Universum ein, mit Freude in einen Neubeginn zu starten. Öffne dein Herz für neue Erfahrungen – es ist an der Zeit! Mache dich bereit für das Abenteuer deines Lebens und wage den Sprung ins Ungewisse.

Wisse – für jeden Menschen liegt eine ganz besondere Chance im neuen Jahr bereit! Nutze sie, ohne Angst vor dem Unbekannten oder dem Unerwarteten.

Ein wichtiger erster Schritt ist es herauszufinden, was dir im Leben wirklich wichtig ist und was dich vollkommen zufrieden macht oder auch, was dich unzufrieden macht. Nimm dir ein paar Momente, und spüre für dich, ob du im Einklang mit deinem Herzen bist. Lebst du so, wie es dir wirklich entspricht? Vielleicht spürst du schon lange den Drang, etwas Neues zu lernen oder bestimmte Veränderungen in deinem Leben vorzunehmen. Achte heute darauf, welche Impulse du für einen Neubeginn spürst. Was möchte in dir geboren werden? Welche Ziele oder Träume möchtest du verwirklichen?

Als Erstes brauchst du Klarheit über das, was du wirklich willst. Wenn dir das nicht möglich ist, mache dir eine Liste mit Dingen, die du nicht mehr möchtest, die dich frustrieren. Oftmals fällt es uns leichter, zu erkennen, was wir nicht wollen.

BEISPIELE:
- Ich möchte morgens nicht mehr 90 Minuten zur Arbeit fahren.
- Ich möchte nicht mehr so oft erkältet sein.

Im zweiten Schritt fragst du dich dann, was du tun kannst, um das zu ändern:
- Ich suche mir einen neuen Job/ eine neue Wohnung, um Fahrtzeit zu sparen.
- Ich kümmere mich um meine Gesundheit und gehe regelmäßig in die Sauna/achte auf meine Ernährung ...

Dieser einfache Trick der Umkehrung hilft dir dabei, Frustrationspunkte in deinem Alltag zu erkennen und daraus Handlungen und Ziele abzuleiten, die für das nächste Jahr wichtig sind.

Vertraue darauf, dass alles schon da ist: der Mut, etwas Neues anzufangen, die Leidenschaft für deine Träume und die Unterstützung des Universums. Alles, was du tun musst, ist den ersten Schritt zu wagen und anzufangen. Nutze die lebendige Energie der dritten Rauhnacht und greife nach den Sternen.

RITUAL FÜR DIE DRITTE RAUHNACHT

• WUNSCHSAMEN

Während der Rauhnächte knüpfen wir eine enge Bindung zur mächtigen Urgöttin, die in ihrem Kessel das neue Leben in Bewegung setzt. In diesem Ritual kannst du dich mit der Schöpferkraft verbinden und deine Wünsche für das kommende Jahr der Göttin darbringen. Lass dich von ihrer Präsenz und Weisheit inspirieren, öffne dich für neue Möglichkeiten und Chancen.

DU BENÖTIGST:
- Kerzen und Räucherwerk
- Feuerzeug oder Streichhölzer
- Tee
- Kessel bzw. schöne Schüssel oder Schale
- einige Samen (z. B. von Blumen, Gemüse oder Kräutern)
- kleine Schaufel (ein Löffel funktioniert auch)

Beginne damit, in deinem Raum eine magische und gemütliche Atmosphäre zu erzeugen. Zünde Kerzen an, entzünde Räucherwerk und bereite dir einen duftenden Tee zu. Wähle passende Musik aus und platziere die Samen und die Schale vor dir. Eröffne deinen heiligen Raum und nimm dir einen Moment Zeit, um dich zu zentrieren und deinen Atem zu spüren.

Nimm nun nach und nach einen Samen vor dein Herz, visualisiere kurz deinen Wunsch und übergib ihn dem Kessel der „*Wintergöttin*". Lege den Samen in die Schale und bitte um die Unterstützung der großen Göttin. Du kannst so viele Samen in die Schale werfen, wie du möchtest – sei es für neue Vorhaben oder deine Wünsche.

Begib dich nun warm eingepackt nach draußen und suche nach einem idyllischen Platz. Grabe hier ein kleines Loch, bette vorsichtig deine Wunschsamen in die Erde und verschließe das Loch wieder. Hier werden sie tatsächlich zur Ruhe kommen und sich transformieren. Sei gespannt, was im Frühjahr daraus erwachsen wird. Ordne die übrig gebliebenen Samen in einem Kreis an.

Schließe nun den heiligen Raum und verlasse den Ort des Zaubers voller Zuversicht, ohne dich noch einmal umzusehen. Denn ein Umdrehen symbolisiert in der Magie Zweifel oder Bedenken – und das wollen wir vermeiden. Immer nach vorne schauen, statt zurück!

MEINE DRITTE RAUHNACHT

	1	2	3	4	5
Spaß & Freude					
Zeit für mich					
Ruhe & Entspannung					
Sport & Bewegung					
Gesundes Essen					
Gesamtstimmung					

HEUTIGES ORAKEL/ TAGESKARTE:

DAFÜR BIN ICH HEUTE DANKBAR:

TAGESQUALITÄT/ WETTER:

BESONDERE SYMBOLE, BÜCHER, ZEICHEN, ETC.:

WICHTIGE BEGEGNUNGEN:

Fragen für dich

IN WELCHEN LEBENSBEREICHEN BRAUCHT ES EINEN NEUBEGINN?

WELCHE NEUEN SCHÖPFUNGEN WOLLEN DURCH MICH INS LEBEN GEBRACHT WERDEN?

WAS IST DIESE EINE SACHE, DIE ICH ZUTIEFST BEREUEN WÜRDE, WENN ICH SIE NICHT UMSETZE?

WELCHE SCHRITTE KANN ICH SCHON HEUTE GEHEN, UM MEINEM TRAUMLEBEN NÄHER ZU KOMMEN?

DAS WAR HEUTE BESONDERS:

SCHLAF

	ruhig	unruhig	mehrmals aufgewacht	schlaflose Nacht
Wie habe ich geschlafen?				

DAS WAR HEUTE BESONDERS:

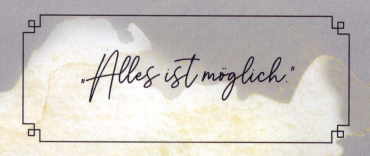

„Alles ist möglich."

Vierte Rauhnacht

28. DEZEMBER

Alles, was passiert, ist eine
Einladung zum Wachsen

APRIL

. Es braucht Mut, um am Ende
glücklich zu sein

THEMA: TRANSFORMATION UND MUT

WAS DIE NATUR UNS IM APRIL ZEIGT

Im April erwacht der Frühling endlich zum Leben: Obstbäume entfalten ihre Blütenpracht, ein vielfältiges Vogelkonzert begrüßt den Morgen und die ersten Schmetterlinge tanzen durch die Luft. Doch trotz all dieser Schönheit bleibt der April unberechenbar! Mal folgt auf Sonnenschein ein Regenschauer, mal zieht plötzlich ein Gewitter auf und manchmal schneit es sogar heftig. Der alte Winter hält noch immer fest und kämpft gegen den Neuanfang an, trotz all der Schönheit. Doch das wird den Frühling nicht von seinem Weg abbringen – im Gegenteil! Denn gerade die Unberechenbarkeit des Aprils macht die Pflanzen und Tiere stark.

DIE BOTSCHAFT

Der Beginn eines Neuanfangs kann sehr aufregend und beängstigend zugleich sein. Es ist normal, dass du unsicher bist, besonders wenn du noch nicht genau weißt, wo du hinwillst. Es ist aber auch normal, dass du dich darauf freust, etwas Neues zu starten und frischen Wind in dein Leben zu bringen. Es liegt in unserer Natur, uns zu wandeln, und trotzdem halten wir krampfhaft an Altem fest. Oft brauchen wir Mut, um uns auf Neues einzulassen. Die Energien dieser Nacht schenken dir Kraft, Mut und Ausdauer für deine Veränderungen.

Erforsche heute dein Innerstes und finde die Antworten auf Fragen wie: *„Was will ich im Leben erreichen?"* oder

„Welche inneren Blockaden habe ich?". Wenn du ganz tief in dich hineinspürst, kannst du erkennen, welche Schritte notwendig sind, um den Veränderungsprozess anzugehen: Welche neuen Gedanken brauchst du? Welches Umfeld unterstützt dich? Wie könntest du etwas anders machen? Ergründe, was dich in deinem Leben daran hindert weiterzukommen.

Lass dir nicht von anderen Menschen sagen, was du tun oder erreichen sollst. Was für die einen richtig sein mag, muss für dich nicht unbedingt der passende Weg sein. Höre auf dein Herz und folge deinem Instinkt. Sei dir bewusst, dass es okay ist, Fehler zu machen; sie gehören zum Lernprozess dazu. Stelle dir als Ermutigung vor, wie stolz du am Ende des Weges auf dich selbst sein wirst.

Die vierte Rauhnacht möchte dich daran erinnern, wie viel Kraft in dir steckt. Vergiss nie: Du hast die Kontrolle über deine Gedanken, Gefühle und Handlungen – also nutze sie als Werkzeuge, um deine inneren Blockaden und Begrenzungen zu erkennen und aufzulösen. Nimm dir Zeit für dich selbst. Wo steckst du fest? Was hindert dich daran, dein Traumleben zu entfalten? Erinnere dich an deine schlechten und negativen Erfahrungen und schließe endgültig damit ab. In der heutigen Rauhnacht ist es wichtig, sich zu reinigen und alten Ballast loszuwerden. Nur so schaffst du Platz für Neues. Überprüfe, was in deinem Leben ein Hindernis darstellt und welche Dinge, Gewohnheiten oder Muster ausgedient haben. Dadurch wird unglaublich viel Energie freigesetzt, die du für alles Schöne nutzen kannst, was nun in dein Leben kommen mag.

Die vierte Rauhnacht ist eine einzigartige Gelegenheit, die Chance auf Veränderung wahrzunehmen und den nächsten Schritt in Richtung Transformation anzugehen. Nutze die Kraft dieser Nacht für deinen Neuanfang und transformiere schließlich dein Leben! Diese Nacht ist dein Schlüssel zum Erfolg und zur Erfüllung deiner Träume.

RITUAL FÜR DIE VIERTE RAUHNACHT

WINDZAUBER

Lass den Wind dir helfen, die Vergangenheit hinter dir zu lassen, um Neues zu schaffen. Er hat eine kraftvolle Energie, die uns bei unserer Transformation unterstützen kann. Seine tosende Luft ist nicht nur erfrischend und reinigend, sondern schenkt uns auch neue Energie. Nutze in diesem Ritual seine heilenden Kräfte und lasse frische Luft in dein Sein.

DU BENÖTIGST:

◊ getrockneten Rosmarin oder Salbei
◊ Kerze und Räucherwerk
◊ Feuerzeug oder Streichhölzer
◊ Papier und Stift
◊ feuerfeste Schale/Mörser
◊ Nüsse und Körner

Bei Ritualen, die das Ziel verfolgen, unerwünschte Einflüsse abzuwehren oder sich von ihnen zu befreien, werden oft Salbei und Rosmarin verwendet. In dieser Rauhnacht kannst du das für dich nutzen.

Mache es dir zunächst gemütlich. Entzünde eine Kerze und Räucherwerk und eröffne den heiligen Raum. Überlege dir, was du hinter dir lassen möchtest, und schreibe es auf ein Stück Papier. Anschließend zünde es an und gib es in eine feuerfeste Schale oder einen Mörser, bis es zu Asche verbrennt. Danach füge die getrockneten Kräuter hinzu und vermische alles gründlich miteinander. Spüre, wie du dich reinigst und neue Energie erhältst. Wenn alles gut zerkleinert und vermischt ist, fülle es in eine Tüte oder trage die Schale nach draußen. Suche dir einen Ort, an dem du ungestört bist, und sprich folgende Worte:

„Hüter des Windes und der Lüfte, kommt herbei. Ihr seid mal leise und mal laut, lasst die Wolken ziehen und schenkt mir die Luft zum Atmen. Kommt herbei, nehmt meine Sorgen mit, sodass sie sich in Luft auflösen und ich ab nun wieder frei atmen kann. So ist es und so sei es!"

Stelle dich mutig in den Wind, verstreue deine Mischung in die Luft und beobachte, wie sie davongetragen wird. Fühle die Kraft des Windes in dir und spüre, wie sich deine Energie erfrischt. Vielleicht hast du das Gefühl, dass sich ein neuer Weg für dich auftut, oder du bekommst eine klare Vision für dein Leben. Diese kannst du nun verfolgen und anstreben – mit dem Wind als treuem Begleiter an deiner Seite. Atme tief ein und spüre die grenzenlose Freiheit.

Als Zeichen der Dankbarkeit gegenüber den Windwesen verteile ein paar Körner oder Nüsse in jede Himmelsrichtung. Kehre anschließend vollkommen frei und unbeschwert nach Hause zurück und genieße deinen Abend.

MEINE VIERTE RAUHNACHT

	1	2	3	4	5
Spaß & Freude					
Zeit für mich					
Ruhe & Entspannung					
Sport & Bewegung					
Gesundes Essen					
Gesamtstimmung					

HEUTIGES ORAKEL/ TAGESKARTE:

DAFÜR BIN ICH HEUTE DANKBAR:

TAGESQUALITÄT/ WETTER:

BESONDERE SYMBOLE, BÜCHER, ZEICHEN, ETC.:

WICHTIGE BEGEGNUNGEN:

Fragen für dich

WELCHE ANGEWOHNHEIT BEEINFLUSST MEIN WOHLBEFINDEN NEGATIV, WAS KANN ICH STATT DESSEN TUN?

WAS ENTZIEHT MIR ENERGIE UND LÄSST MICH UNSICHER UND SCHWACH FÜHLEN?

WAS GIBT MIR KRAFT UND VERLEIHT MIR EIN GEFÜHL VON STÄRKE?

IN WELCHEN BEREICHEN BEGRENZE ICH MICH SELBST NOCH ZU STARK?

WELCHE RESSOURCEN BENÖTIGE ICH, UM MEINE EIGENEN GRENZEN ZU ÜBERWINDEN?

DAS WAR HEUTE BESONDERS:

SCHLAF

	ruhig	unruhig	mehrmals aufgewacht	schlaflose Nacht
Wie habe ich geschlafen?				

DAS WAR HEUTE BESONDERS:

„Ich wage es, für mich einzustehen."

Fünfte Rauhnacht

29. DEZEMBER

Ich öffne mich der
Schönheit des Lebens

MAI

Erinnere dich daran, wie schön du bist

THEMA: SINNLICHKEIT UND SCHÖNHEIT

WAS DIE NATUR UNS IM MAI ZEIGT

Der Mai ist der perfekte Monat, um die Frühlingsgefühle in vollen Zügen zu genießen! Die kalte Winterzeit verabschiedet sich endlich und gibt dem herrlichen Wetter Platz. Die Sonne strahlt mit voller Kraft und die Vögel zwitschern ausgelassen. Die Natur erwacht und präsentiert sich in saftigem Grün und wunderschönen Farben. Der Duft von Blumen liegt in der Luft und lädt dazu ein, nach draußen zu gehen. Es ist die beste Zeit, um angenehme Aktivitäten zu planen und viel Zeit im Freien zu verbringen. Dies gibt deinem Körper neue Energie und belebt deine Seele.

DIE BOTSCHAFT

Die fünfte Rauhnacht ermöglicht es dir, ein neues Verständnis für die Wunder der Natur zu entwickeln. Öffne deine Sinne und werde dir bewusst, wie viel Freude uns die kleinen Dinge bereiten und uns die Magie des Lebens spüren lassen. Ob es der Duft von frisch gebackenem Brot, das Zwitschern der Vögel am Morgen oder das leuchtende Rot des Abendhimmels ist – all diese Dinge tragen zur Schönheit unserer Welt bei.

Wirf auch einen Blick auf dein Zuhause und schaue dir jeden Winkel an: Ein liebevoll gedeckter Tisch, ein Paar frische Blumen auf dem Fensterbrett, eine bunte Vase mit leuchtenden Farben oder vielleicht ein neues Bild an der Wand. All diese Details verwandeln dein Leben in einen Ort der Schönheit.

Heute bist du aufgerufen, all die Schönheit um dich herum wahrzunehmen, als Inspiration zu nutzen, um dann auf deine eigene Weise zur Schönheit beizutragen. Du bist einzigartig und hast so viel zu bieten: die Art, wie du dich kleidest oder wie du den Tisch für das Abendessen gestaltest, wie du Blumen arrangierst. Du bist die/der Schöpfer*in deiner Welt! Wie also soll diese aussehen, damit du dich wohl fühlst?

Finde deinen Rhythmus in der Natur und spüre in dich hinein. Vielleicht spürst du eine Sehnsucht nach Kreativität? Dann nutze diese Energie! Male Bilder oder schreibe Gedichte, höre deine Lieblingsmusik und tanze dazu – lass dich von deiner Inspiration leiten. Finde heraus, welche Talente in dir schlummern. Du wirst staunen! Mit jeder Aktion bereicherst du nicht nur dein Leben, sondern auch das der anderen.

Die fünfte Rauhnacht ist auch ein guter Zeitpunkt, um innezuhalten und darüber nachzudenken, welche Bedeutung Schönheit für dich hat. Vielleicht hast du schon immer Wert auf Äußerlichkeiten gelegt und dich um dein Aussehen bemüht. Meistens sind wir selbst unsere größten Kritiker. Vor allem beim Blick in den Spiegel fallen uns dutzende Kleinigkeiten auf, die wir an uns nicht ausstehen können. Wer sich im eigenen Körper wohlfühlen will, sollte ihn nicht mit Diäten oder einem strengen Sportprogramm schinden. Höre auf deinen Körper nur zu betrachten, und beginne ihn stattdessen zu fühlen. Damit du wirklich glücklich sein kannst, ist es wichtig, dass du die Liebe zu dir selbst spürst und dich so annimmst, wie du wirklich bist. Genieße deinen Körper, genieße dein Leben, genieße dein Sein. Nutze diesen Tag, um die Schönheit um dich herum zu genießen und dich selbst liebevoll zu behandeln.

RITUAL FÜR DIE FÜNFTE RAUHNACHT

GENIESSE DEINE SCHÖNHEIT

Dein Körper ist ein wahres Wunderwerk – jeden Tag schützt er dich und begleitet dich durchs Leben. Er besteht aus Milliarden von Zellen, die perfekt zusammenarbeiten, um dich am Leben zu erhalten. Jede einzelne hat ihre eigene Funktion und trägt dazu bei, dass dein Körper optimal funktioniert. Doch viel zu oft machen wir uns nicht bewusst, wie wertvoll und unermesslich kostbar unser Körper für uns ist. Indem du dieses Ritual zelebrierst, zeigst du ihm Dankbarkeit und schenkst ihm Aufmerksamkeit.

DU BENÖTIGST:
- ◊ Topf mit Wasser
- ◊ Zimt, Thymian, Kardamomsamen und Rosenblütenblätter
- ◊ Sieb
- ◊ Badewanne (für ein Vollbad) oder Schüssel (für ein Fußbad)
- ◊ Kerzen und Musik
- ◊ Feuerzeug oder Streichhölzer
- ◊ Meer- oder Himalayasalz
- ◊ Sahne oder Olivenöl
- ◊ Rosenquarz
- ◊ ätherisches Rosenöl (optional)
- ◊ Bodylotion (optional)

Heute ist dein Beautytag. Dein Ritual startet in der Küche. Nimm einen Topf und fülle ihn mit 1–2 l Wasser, das du mit Zimt, Thymian, Kardamomsamen und Rosenblütenblättern anreichern kannst. Lasse das Ganze bei mittlerer Hitze zugedeckt für 20–30 Minuten köcheln und siebe es anschließend ab.

Nun gehst du in den heiligen Raum – dein Badezimmer. Lass warmes Wasser in die Badewanne fließen und nimm dir viel Zeit für dich. Solltest du keine Badewanne haben, lass dir in einer Schüssel ein Fussbad ein. Wähle entspannende Musik und dekoriere dein Badezimmer mit einigen Kerzen, die du anzündest. Streue fünf Esslöffel Meer- oder Himalayasalz in das Wasser und gib drei Esslöffel Sahne oder Olivenöl und deinen selbst gemischten Sud hinzu. Lege den Rosenquarz in die Badewanne und verteile Rosenblätter auf der Wasseroberfläche. Füge, wenn du magst, einige Tropfen ätherisches Rosenöl hinzu, um einen wohligen Duft zu erzeugen. Setze dich für einen Moment an den Rand der Badewanne und las den angenehmen Geruch auf dich wirken. Steige in das Badewasser und versinke in deinen Träumen und in diesem Moment.

Verwöhne deinen Körper, wenn dir das angenehm ist, nach dem Bad mit einer pflegenden Bodylotion. Massiere ihn liebevoll ein. Schenke ihm Dankbarkeit für jeden Atemzug, jeden Schritt und all die Energie, die er dir schenkt, um deinen Weg zu gehen. Vergiss nicht, den heiligen Raum anschließend zu schließen und dich vollständig zu entspannen.

MEINE FÜNFTE RAUHNACHT

	1	2	3	4	5
Spaß & Freude					
Zeit für mich					
Ruhe & Entspannung					
Sport & Bewegung					
Gesundes Essen					
Gesamtstimmung					

HEUTIGES ORAKEL/ TAGESKARTE:

DAFÜR BIN ICH HEUTE DANKBAR:

TAGESQUALITÄT/ WETTER:

BESONDERE SYMBOLE, BÜCHER, ZEICHEN, ETC.:

WICHTIGE BEGEGNUNGEN:

Fragen für dich

WAS BRAUCHE ICH FÜR MEINEN ALLTAG, UM MICH WOHL ZU FÜHLEN?

WORIN BESTEHT FÜR MICH SINNLICHER GENUSS?

WIE KANN ICH MEINE UMGEBUNG FÜR MICH SCHÖNER GESTALTEN?

WIE KANN ICH MEINEM KÖRPER REGELMÄSSIG ETWAS GUTES TUN?

MEINE TRÄUME

SCHLAF

	ruhig	unruhig	mehrmals aufgewacht	schlaflose Nacht
Wie habe ich geschlafen?				

DAS WAR HEUTE BESONDERS:

„Ich sorge liebevoll
für mich."

Sechste Rauhnacht

30. DEZEMBER

Mein Leben ist gefüllt
mit Freude.

JUNI

Alles, was zu dir gehört, kommt mit Leichtigkeit zu dir

THEMA: BALANCE, AUSTAUSCH UND LEICHTIGKEIT

WAS DIE NATUR UNS IM JUNI ZEIGT

Endlich ist der Juni da und mit ihm der langersehnte Sommer! Die Tage sind lang und die Nächte kurz. Die Natur erwacht zu neuem Leben und präsentiert sich in einem Schaffensrausch. Überall blühen bunte Blumen und die ersten Beeren sind reif. Alles wächst und gedeiht in einer unbeschreiblichen Pracht. Schmetterlinge fliegen sorglos von Blüte zu Blüte und verzaubern mit ihrem Anblick. Die Welt zeigt sich in ihrer vollen Vielfalt und es gibt so viel zu entdecken. Die Leichtigkeit und Freiheit der Natur und das unbeschwerte Gefühl, das damit einhergeht, sind ansteckend und lockten die Menschen hinaus.

Ob beim Picknick im Park oder am Strand, bei einem Spaziergang durch den Wald oder einer Wanderung in den Bergen – der Sommer bietet unzählige Möglichkeiten für Aktivitäten im Freien. Es ist eine Zeit der Entdeckungen und gemeinsamen Erlebnisse mit Familie und Freunden.

DIE BOTSCHAFT

Die heutige Rauhnacht lädt dich ein, neugierig die Welt zu erforschen. Hast du in deinem Leben Zeit für Abenteuer oder bist du in deinem Alltag so sehr eingebunden, dass keine Zeit mehr für spielerische Leichtigkeit bleibt? Die sechste Rauhnacht ruft dich hinaus in die Welt. Konzentriere dich nicht nur auf deine Arbeit oder das, was erledigt werden muss, sondern nimm dir Zeit für Freunde und Familie und deine Interessen. Es gibt so vieles zu entdecken, gehe in den Austausch mit anderen Menschen – nutze die Möglichkeit des gemeinsamen Lernens und Teilens von Erfahrungen. Wir alle sind so verschieden und haben so viel zu bieten. Es kann sehr bereichernd sein, sich mit Menschen auszutauschen, die eine andere Sichtweise haben als man selbst. Aber es ist wichtig, dass du deine eigenen Bedürfnisse und Grenzen nicht aus den Augen verlierst. Wenn du merkst, dass dir ein Gespräch oder eine Situation unangenehm wird und du überrollt wirst, dann sei mutig genug, um es anzusprechen oder dich zurückzuziehen. Halte immer wieder inne und überprüfe: Passe ich mich an oder bleibe ich meinen Überzeugungen treu? So kannst du von neuen Ideen, Perspektiven und Impulsen profitieren, ohne dabei deine eigenen Bedürfnisse aus den Augen zu verlieren.

Insgesamt geht es darum, eine gesunde Balance zwischen Offenheit und Selbstschutz zu finden. Sei mutig genug, um für dich einzustehen, aber sei gleichzeitig offen für neue Perspektiven – so wirst du auf lange Sicht erfolgreicher im Leben sein!

Die sechste Rauhnacht, die selbst in der Mitte liegt, erinnert dich außerdem an eine ausgewogene Lebensweise und möchte dich unterstützen, die richtige Balance zu finden, um dein Wohlbefinden zu steigern. Es ist nicht immer einfach, den Anforderungen des Alltags gerecht zu werden. Wann hast du neben deiner Arbeit und den alltäglichen Verpflichtungen – Wäsche waschen, Müll runterbringen, Einkaufen gehen, usw. – einfach nur Zeit für dich selbst? Wenn du ständig im Vollgasmodus bist, müssen sich dein Körper und Geist auch erholen können. Es ist also an der Zeit, dir die notwendigen Ruhepausen zu gönnen. Egal ob Meditationen, Spaziergänge in der Natur oder einfach mal den Wolken beim Ziehen zuschauen – du kannst lernen, deinen inneren Rhythmus zu finden. Denn nur so bleibst du langfristig fit genug, um alle Aufgaben gut erledigen zu können. Sind keine Pausen da, scheue dich nicht davor, aktiv Termine abzusagen – letztlich profitiert dein gesamtes Leben davon. Dein System findet dadurch wieder innere Balance und du gleitest mit mehr Leichtigkeit durch den Tag.

RITUAL FÜR DIE SECHSTE RAUHNACHT

INNERES GLEICHGEWICHT

Hast du dich jemals gestresst, überfordert oder sogar ziemlich schlecht gefühlt und bemerkt, dass du weit von deiner inneren Mitte entfernt bist? Dieses Gefühl ist unangenehm und kann einen negativen Einfluss auf viele Bereiche deines Lebens haben. Mit diesem Ritual löst du alles, was dich aus dem inneren Gleichgewicht bringt, auf, sodass du kraftvoll und zentriert in dein neues Jahr gehst.

DU BENÖTIGST:

◊ Kerze
◊ Feuerzeug oder Streichhölzer
◊ mehrere kleine Steine
◊ Papier (2 Zettel) und Stift
◊ Salbei zum Räuchern

Mache es dir bequem, entzünde deine Kerze und fokussiere dich. Lass einen heiligen Raum entstehen, und wenn du spürst, dass du in Harmonie bist, lege die Steine in Form einer liegenden Acht vor dich. Schreibe deinen Namen auf einen Zettel und platziere ihn in einem Teil der Acht. In den anderen Teil legst du eine Notiz mit einem Glaubenssatz oder einem Verhalten, das du loslassen möchtest.

Entzünde etwas Salbei (es reicht ein getrocknetes Blatt), bis er beginnt leicht zu qualmen. Halte den Salbei in der Hand und beschreibe mit ihm in der Luft über der liegenden Acht einen Kreis gegen den Uhrzeigersinn.

Sprich dabei laut oder leise:

„Alle Glaubenssätze, Bindungen oder Anhaftungen aus diesem Leben oder anderen lasse ich jetzt zum höchsten Wohl aller los. Ich erlaube mir, tiefste Heilung und Transformation zu empfangen, damit Veränderung auf allen Ebenen stattfinden kann. So soll es sein, so soll es sein, so soll es sein!"

Lege den Salbei beiseite und schließe deine Augen. Visualisiere eine Zukunft ohne den Glaubenssatz oder die Angewohnheit, die dich zurückhalten. Halte deine Hände vor dein Herz und bitte um die Entwicklung, die am besten zu dir passt. Schließe den heiligen Raum und lösche die Kerze. Lasse das Symbol der liegenden Acht so lange liegen, bis du bereit bist, es aufzulösen.

MEINE SECHSTE RAUHNACHT

	1	2	3	4	5
Spaß & Freude					
Zeit für mich					
Ruhe & Entspannung					
Sport & Bewegung					
Gesundes Essen					
Gesamtstimmung					

HEUTIGES ORAKEL/ TAGESKARTE:

DAFÜR BIN ICH HEUTE DANKBAR:

TAGESQUALITÄT/ WETTER:

BESONDERE SYMBOLE, BÜCHER, ZEICHEN, ETC.:

WICHTIGE BEGEGNUNGEN:

Fragen für dich

WIE KANN ICH MEINE INNERE RUHE IM ALLTÄGLICHEN TRUBEL BEWAHREN?

WELCHE AKTIVITÄTEN BEREITEN MIR PURE FREUDE UND LASSEN MICH VOLLKOMMEN UNBESCHWERT SEIN?

MIT WELCHEN MENSCHEN EMPFINDE ICH FREUDE UND TAUSCHE ICH MICH GERN AUS?

IN WELCHEN MOMENTEN ODER BEI WELCHEN PERSONEN VERLIERE ICH MEINE INNERE STABILITÄT? WIE KANN ICH SICHERSTELLEN, DASS ICH BEI MIR BLEIBE?

MEINE TRÄUME

SCHLAF

	ruhig	unruhig	mehrmals aufgewacht	schlaflose Nacht
Wie habe ich geschlafen?				

DAS WAR HEUTE BESONDERS:

„Mein Leben ist gefüllt mit Freude."

Siebte Rauhnacht

31. DEZEMBER

Folge deinen Träumen,
sie kennen den Weg.

JULI

In der Zartheit liegt deine Stärke

THEMA: TRÄUME UND INNERE WELTEN

WAS DIE NATUR UNS IM JULI ZEIGT

Im Juli zeigt sich der Sommer von seiner schönsten Seite. Wenn die Sonne langsam untergeht, fliegen die Glühwürmchen im Garten und ein würziger Duft von Kamille und anderen Wildkräutern erfüllt die Luft. Die Natur scheint sich zu entspannen und ihre Energie in die Früchte und die Aufzucht der Jungtiere zu stecken. In dieser Zeit sind Familie und Freundschaft von großer Bedeutung und wir genießen gemeinsam die warmen Abende, vielleicht bei einem Sommerfest oder einem Spaziergang am Badesee. Es fühlt sich an, als ob die Zeit für einen kurzen Moment angehalten hätte.

DIE BOTSCHAFT

Das Jahr neigt sich dem Ende zu und das Neue steht bereits in den Startlöchern. Doch bevor du dich in das neue Abenteuer stürzt, nimm dir einen Moment Zeit, um innezuhalten. Die siebte Rauhnacht bietet dir die Chance, nochmal einen Gang zurückzuschalten und durch deinen Seelengarten zu wandeln. Nimm dir Zeit und genieße die Ruhe. Es gibt keinen Grund zur Eile. Tauche ein in deine eigene Welt. Nicht alles, was du heute tust, muss einen Sinn ergeben. Die heutige Nacht ist eine magische Nacht voller Intuition und Inspiration. Spürst du sie? Kannst du dem Ruf deiner Seele folgen? Lass dich von deiner Fantasie tragen und folge ihr, so weit sie dich auch führen mag.

Nutze die heutige Rauhnacht, um den Teil in dir zu entdecken, der gerne in der eigenen Welt verweilt, Tagträumen nachhängt und in Büchern versinkt. Erlaube deiner Seele heute, ein wenig zu baumeln. Nimm dir Zeit zum Träumen. Vielleicht entdeckst du ja heute etwas Neues in dir selbst oder auch in der Welt um dich herum. Vielleicht hast du schon lange nicht mehr so unbeschwert geträumt wie damals als Kind. Nutze diese Gelegenheit, um dich wieder mit deinem inneren Kind zu verbinden und die Magie des Träumens zu ergründen. Vergiss für einen Moment den Alltag und genieße einfach den Augenblick. Wenn du in den letzten Tagen schon eine Vision oder eine Idee hattest, die dich begeistert und inspiriert – lass sie in deinen Träumen weiterwachsen. Träume sind die Schatzkammer des Geistes – sie enthalten so viel Inspiration und Kreativität. Vergiss alles, was unerreichbar erscheint, und tauch in die Tiefe deines Unterbewusstseins ein. Sei traumhaft unbeschwert und spüre deine Glückseligkeit.

In dieser magischen Rauhnnacht bist du zudem eingeladen, deine ganze Aufmerksamkeit auf den zarten Teil deiner selbst zu richten. Wenn du deine Emotionen wahrnimmst und dir selbst Freiraum gibst, kannst du an Weisheit gewinnen und reifen. Lass die Ereignisse der letzten Tage an dir vorüberziehen und versuche nicht alles rational zu analysieren. Stattdessen lasse dich von deinen Gefühlen leiten. Was fühlst du in diesem Moment? Wie empfindest du die Situation? Vielleicht ist es auch so, dass du gar nichts fühlst. Dann wird es Zeit, dich mit dem Thema „Gefühle" auseinanderzusetzen. Woran liegt es, dass du keine Gefühle mehr hast? Was könntest du tun, um wieder mehr Gefühl zu empfinden? Versuche heute Nacht einfach mal offen zu sein für neue Erkenntnisse!

Wenn du dich genauso liebevoll um dich kümmerst wie um andere, kannst du Beziehungen aufbauen, die für alle gleichermaßen nährend sind. So möchte dich die siebte Rauhnacht ermutigen, für dich selbst zu sorgen. Es ist an der Zeit, auf dich Acht zu geben und dich zärtlich zu akzeptieren. Erkenne, dass du wertvoll und geliebt bist.

RITUAL FÜR DIE SIEBTE RAUHNACHT

EIN GESCHENK DER GEBORGENHEIT

Sich mit Mutter Erde zu verbinden, ist ein altes Ritual, das dich daran erinnert, dass immer für dich gesorgt ist. Sie wird dich nie ablehnen oder verlassen. Wenn du dich bewusst mit ihr verbindest, wirst du spüren, wie sie dich umarmt und dir Geborgenheit schenkt. Du bist willkommen auf dieser Erde und in diesem Leben. Begib dich mit diesem Ritual in die Arme von Mutter Erde und lass dich von ihrer Schönheit und Kraft inspirieren.

DU BENÖTIGST:
◊ festes Schuhwerk und warme Kleidung
◊ Nüsse, Apfel, Körner ...

Verbringe heute Zeit in der Natur und genieße die Schönheit der Landschaft bei einem entspannenden Spaziergang. Zelebriere die Stille und lasse dich von der winterlichen Landschaft verzaubern! Erlaube deinen Sinnen die Welt zu erkunden: Rieche, schmecke, fühle, sieh und höre dich um. Lausche dem Wind, atme die frische Luft ein und genieße den Duft. Erlebe die Schönheit jedes winzigen Details – vom kleinsten Schneekristall bis zur stärksten Eiche. Betrachte einen Baum genau. Bewundere seine tiefen Wurzeln, die teilweise über der Erde liegen, den starken Stamm und die vielen Äste. Berühre seine Rinde, und wenn du dich vom Baum eingeladen fühlst, dann lehne dich an diesen oder um-

arme ihn, gib gern dein gesamtes Ge-
wicht an ihn ab. Und genieße einen
Augenblick in der Stille.

Eröffne für dich den heiligen Raum.
Bleibe einfach einige Minuten so stehen und spüre, wie die Kraft und
Energie von Mutter Erde in dich ein-
fließen. Nimm wahr, wie sie dich
nährt. Bitte nun Mutter Erde, die alles liebevoll zum Wachsen bringt, dir
ein Geschenk zu geben, was dich in
deinem Alltag daran erinnert, dass
auch du von Liebe umgeben bist.

Lass deinen Blick schweifen, vielleicht siehst du einen auffälligen
Stein, Ast oder ein Stück Moos – was
es ist, kann ich dir nicht sagen, aber
du wirst es wissen, sobald du es findest. Nimm dein Geschenk aus der
Natur entgegen und lege dort, wo du
es gefunden hast, zum Dank ein paar
Nüsse, einen Apfel oder Körner ab.
Bedanke dich bei der Natur und
schließe den heiligen Raum wieder.

Zu Hause angekommen suche dir für
dein Geschenk einen besonderen
Platz und wisse, es wird dich im neu-
en Jahr daran erinnern, dass du geliebt wirst, so wie du bist.

MEINE SIEBTE RAUHNACHT

	1	2	3	4	5
Spaß & Freude					
Zeit für mich					
Ruhe & Entspannung					
Sport & Bewegung					
Gesundes Essen					
Gesamtstimmung					

HEUTIGES ORAKEL/ TAGESKARTE:

DAFÜR BIN ICH HEUTE DANKBAR:

TAGESQUALITÄT/ WETTER:

BESONDERE SYMBOLE, BÜCHER, ZEICHEN, ETC.:

WICHTIGE BEGEGNUNGEN:

Fragen für dich

ERLAUBE ICH MIR MEINE VERLETZLICHKEIT ZUZULASSEN UND AUCH MAL MEINE BEDÜRFTIGE SEITE ZU ZEIGEN?

KÜMMERE ICH MICH UM MICH SELBST SO LIEBEVOLL WIE UM ANDERE?

ERLAUBE ICH MIR IN BEZIEHUNGEN MEINE BEDÜRFNISSE ZU ÄUSSERN?

NEHME ICH MIR GENÜGEND ZEIT ZUM TRÄUMEN?

MEINE TRÄUME

SCHLAF

	ruhig	unruhig	mehrmals aufgewacht	schlaflose Nacht
Wie habe ich geschlafen?				

DAS WAR HEUTE BESONDERS:

„Folge deinen Träumen.
Sie kennen den Weg."

Achte Rauhnacht

1. JANUAR

Erkenne die Fülle,
die dich umgibt.

AUGUST

Springe hinein in das Meer voller Möglichkeiten

THEMA: WOHLSTAND, FÜLLE UND ENTSCHEIDUNG

WAS DIE NATUR UNS IM AUGUST ZEIGT

Im August erwartet dich ein sonniger und warmer Hochsommer voller Leben. Die Natur präsentiert sich in ihrer vollen Pracht, mit reichlich Früchten und Getreide. Doch trotz all dieser Fülle schwingt eine leise Wehmut mit, denn der August markiert auch den Zeitpunkt, an dem das Korn geerntet wird. Es ist eine Zeit des Entscheidens, welche Pflanzen weggeschnitten werden und welche als Keim für die neue Saat aufbewahrt werden. Lass dich von der Schönheit und dem Zauber des Augusts mitreißen und genieße jeden Moment in vollen Zügen.

DIE BOTSCHAFT

Die achte Rauhnacht möchte dich dazu ermutigen, ein wenig mehr Glück und Fülle in dein Leben zu holen. Aus der unendlichen Auswahl an Möglichkeiten – Was möchtest du tun? Diese Rauhnacht erinnert dich daran, dass du die Hauptrolle in deinem eigenen Leben spielst. Vielleicht hast du gelernt, immer für andere da zu sein und dich selbst hintenan zu stellen. Doch wenn du immer nur nach den Erwartungen anderer lebst, verlierst du an Kraft, Vitalität und Individualität. Vergiss nicht: Du bist einzigartig! Niemand sonst hat genau die gleichen Talente, Fähigkeiten oder Erfahrungen wie du. Nutze das als Stärke und zeige der Welt dein wahres Ich.

Der Zauber dieser Rauhnacht ermöglicht es dir, dir endgültig darüber bewusst zu werden: *„Ich bin der Schöpfer meines Lebens!"* Sei heute entschlossen, eine Wahl zu treffen und eine klare Trennlinie zu allem zu ziehen, was nicht zu dir passt. Denn nur dann wirst du wirklich glücklich sein. Es ist an der Zeit, dich selbst zu verwirklichen und dein Leben in die Hand zu nehmen.

In der achten Rauhnacht geht es auch um den Wohlstand in deinem Leben. Vielleicht möchtest du mehr finanzielle Stabilität oder einfach nur mehr Luxus und Komfort genießen. Erlaube dir, deine Wünsche zu formulieren und dich auf den Weg zu machen, um sie zu verwirklichen. Du denkst vielleicht, dein größter Wunsch ist unerreichbar. Doch du hast das Potential, alles zu erreichen, was du dir vornimmst. Vertraue deinem Traum und höre der Stimme in dir zu, die immer deutlicher wird. Denn sie weiß, was das Richtige ist. So unglaublich es auch klingen mag: **Tu es!** Sei mutig und vertraue dir selbst. Aber vergiss dabei nicht, dass Reichtum nicht nur materielle Dinge umfasst. Reichtum bedeutet vielmehr, in Dankbarkeit zu leben und alles zu schätzen, was du hast.

Wenn du dich in einem Zustand der Dankbarkeit befindest, erhöhst du deine energetische Schwingung. Indem du auch für scheinbar unbedeutende Dinge dankbar bist, entwickelst du eine wertschätzende Haltung gegenüber dem Leben, dir selbst und anderen. Das, worauf du dich fokussierst, wohin du deine größte Aufmerksamkeit richtest, hat die größte Wirkung und den größten Einfluss auf dein Leben. Also, sieh die schönen Dinge im Leben! Diese Haltung beeinflusst dein gesamtes Sein und lässt dich mit mehr Freude und Erfüllung durchs Leben gehen. Deine positive Einstellung wird dein Leben bereichern und dir mehr innere Zufriedenheit bringen.

RITUAL FÜR DIE ACHTE RAUHNACHT

WOHLSTAND

Seit Jahrhunderten ist es Brauch, Kupfermünzen in der Küche aufzubewahren, um finanzielles Glück anzuziehen. Dazu hatten unsere Vorfahren eine Wohlstandsdose. Dieses Ritual ist eine wunderbare Möglichkeit, Wohlstand für das kommende Jahr zu manifestieren. Lass auch du dich von dieser Tradition inspirieren und fülle deine Kasse mit Geldsegen.

DU BENÖTIGST:
◊ Kerze
◊ Feuerzeug oder Streichhölzer
◊ kleine Dose und Teelöffel
◊ Zucker
◊ Kupfergeldstücke (1 ct, 2 ct, 5 ct)

Nimm dir einen Augenblick Zeit und halte die Kerze für einige Atemzüge in deinen Händen, bevor du sie anzündest. Erschaffe deinen heiligen Raum und spüre, wie du ruhiger wirst. Entzünde die Kerze und beobachte das Flackern der Flamme.

Wenn du bereit bist, gib ein paar Teelöffel Zucker in deine kleine Dose. Das symbolisiert den Fluss des Gebens und Nehmens in deinem Leben. Der Zucker repräsentiert alles Gute, was du hast und an andere weitergibst – Zeit, Liebe, Wissen usw. – aber auch das Gute, was zu dir zurückkommt. Nun lege deine Münzen dazu. Deine Geldstücke zeigen an, dass du bereit bist zu empfangen, und dem Universum die Erlaubnis gibst, Geld und Wohlstand in dein Leben zu bringen.

Nimm dann deine kleine Dose mit dem Zucker und den Geldstücken und halte sie vor dir. Schließe die Augen und stelle dir vor, wie dir das Universum Fülle und Überfluss schenkt. Sprich dabei laut oder leise folgende Worte:

„Ich öffne mich für den Fluss des Geldes und empfange Fülle und Überfluss in meinem Leben."

Lege dann deine Wohlstandsdose an einen festen Ort. Sie gewährleistet, dass du stets mehr Geld einnimmst, als du ausgibst. Vertraue darauf, dass das Universum deine Absicht hört und dir den Weg zum Wohlstand ebnet. Abschließend schließe wieder deinen heiligen Raum.

Achtung

Dieser Zucker ist dann nicht mehr zum Verzehr geeignet und muss entsprechend gekennzeichnet und sicher verwahrt werden.

MEINE ACHTE RAUHNACHT

	I	2	3	4	5
Spaß & Freude					
Zeit für mich					
Ruhe & Entspannung					
Sport & Bewegung					
Gesundes Essen					
Gesamtstimmung					

HEUTIGES ORAKEL/ TAGESKARTE:

DAFÜR BIN ICH HEUTE DANKBAR:

TAGESQUALITÄT/ WETTER:

BESONDERE SYMBOLE, BÜCHER, ZEICHEN, ETC.:

WICHTIGE BEGEGNUNGEN:

Fragen für dich

ERFÜLLT MICH FREUDE, WENN ICH AUF DAS BLICKE, WAS ICH ERREICHT HABE?

WAS BEDEUTET LUXUS FÜR MICH? WIE KANN ICH EINEN HAUCH VON LUXUS IN MEINEN TÄGLICHEN ABLAUF EINBEZIEHEN?

WELCHE DINGE SCHÄTZE ICH, OBWOHL ICH
EIGENTLICH NICHT AUF SIE ANGEWIESEN BIN?

WELCHEN UNNÖTIGEN WUNSCH HABE ICH,
FÜR DEN ICH JEDEN MONAT EIN KLEINES
VERMÖGEN ZURÜCKLEGEN MÖCHTE?

MEINE TRÄUME

SCHLAF

	ruhig	unruhig	mehrmals aufgewacht	schlaflose Nacht
Wie habe ich geschlafen?				

DAS WAR HEUTE BESONDERS:

„Ich lasse es zu, dass das Leben mich beschenkt."

Neunte Rauhnacht

2. JANUAR

Das Leben ist zu kurz
für irgendwann

SEPTEMBER

Jeder Weg besteht aus vielen einzelnen Schritten

THEMA: STRUKTUR UND ORDNUNG

WAS DIE NATUR UNS IM SEPTEMBER ZEIGT

Der September ist die perfekte Zeit, um das Beste aus den letzten Sommertagen zu machen und sich gleichzeitig auf die kommende Herbstzeit vorzubereiten. Das Laub beginnt, sich langsam zu verfärben. Warme Farbtöne, sonnige Tage und kühle Nächte prägen diese Zeit. Es gibt viel zu tun und alles ist in Bewegung: Die Zugvögel packen ihre Koffer und sind unterwegs in Richtung Süden und viele Tiere beginnen damit, fleißig Vorräte zu sammeln und in ihre Verstecke zu bringen. Alles muss sortiert und geplant werden, um sich auf die kommende Jahreszeit vorzubereiten.

DIE BOTSCHAFT

Nachdem du das neue Jahr gebührend begrüßt hast, kehrt an vielen Orten bereits der Alltag zurück. Es erwarten dich auf der einen Seite viele Verpflichtungen, auf der anderen Seite aber auch Möglichkeiten. Hast du schon eine Vorstellung davon, welche Träume du im neuen Jahr verwirklichen möchtest? Die neunte Rauhnacht bietet eine ideale Gelegenheit, um deine Visionen der vergangenen Tage konkret zu formulieren. Vielleicht möchtest du eine neue Sprache oder ein Instrument erlernen oder deine Fitness verbessern. Vielleicht hast du berufliche Ziele vor Augen, die du erreichen möchtest?

Egal welche Pläne und Wünsche du hast, es ist wichtig, sie zu formulieren und sich Schritt für Schritt auf den Weg zu machen. Lass dein Herz dein Kompass sein und überlege dir, wie du deine Vorhaben in die Tat umsetzen kannst. Bis wann möchtest du bestimmte Dinge erreicht haben? Was benötigst du dafür und wer kann dich unterstützen? Wenn du jeden Tag einen kleinen Schritt machst, wirst du innerhalb eines Jahres enorme Fortschritte erzielen.

Vergiss nicht, durch kleine, neue tägliche Gewohnheiten kannst du dich im Laufe der Zeit neu erfinden. Nutze die Energie der heutigen Rauhnacht als Inspiration für Veränderung und gehe einen kleinen Schritt in Richtung deines Traums! Mit etwas Mut kommt der Stein ins Rollen. Überlege dir, welche Schritte nötig sind, und setze klare Ziele für das kommende Jahr. Eine gute Planung hilft dir dabei, dich auf das Wesentliche zu konzentrieren und dein Leben in die gewünschte Richtung zu lenken.

Auch wenn später vielleicht nicht alles nach Plan verläuft, sei pro-aktiv und packe im Hier und Jetzt an: Vielleicht ist es ein Anruf bei einer Person, die dir helfen kann, oder eine Recherche im Internet zu deinem Thema. Auch das Lesen eines Buches oder das Heraussuchen eines Seminars können dich weiterbringen.

Heute ist auch ein guter Tag, um deine Sachen durchzugehen und dir einen Überblick zu verschaffen. Vor allem, wenn du in deinem Leben das Gefühl hast, dass alles chaotisch und unorganisiert ist, ist es an der Zeit, neue Strukturen zu schaffen. Lege eine klare Ordnung fest, damit du dich schnell zurechtfindest und dich auf das Wesentliche konzentrieren kannst. Eine gute Struktur gibt dir auch ein Gefühl von Kontrolle und Sicherheit. Nutze diese Rauhnacht, um dein Leben neu zu organisieren. Es ist wichtig, dass du dabei nicht nur physische Dinge sortierst und ordnest, sondern auch deine Gedanken und Prioritäten klar definierst.

RITUAL FÜR DIE NEUNTE RAUHNACHT

NEUN SCHUTZHÖLZER

Holz hat schon immer einen hohen Wert besessen. Besonders das „Neun-Holz" wurde früher wie ein Heiligtum behandelt. Neunerlei Holz wurde für Abwehrzauber genutzt, sei es als Räucherung, Amulett, Talisman oder auch als Badezusatz. Die Rauhnächte sind die beste Zeit, diese Hölzer zu sammeln und ein Neuner-Schutzholz herzustellen.

DU BENÖTIGST:
◇ warme Kleidung
◇ Kerze und Räucherwerk
◇ Feuerzeug oder Streichhölzer
◇ Kordel

Mache heute einen kleinen Ritual-spaziergang, der dich gleich zu Beginn des Jahres mit der Natur verbindet. Lasse dir die frische Neujahrsluft um die Nase wehen und mache dich auf die Suche nach neun verschiedenen Hölzern. Traditionell heißt es, man solle diese nicht von einem Baum abbrechen, sondern vom Boden sammeln. Mach es dir aber nicht unnötig kompliziert. Es ist nicht schlimm, wenn du nicht Hölzer von neun verschiedenen Baumarten findest. Es geht darum, *„deine"* neun „Zauberhölzer" zu sammeln.

Wieder zu Hause angekommen, mach es dir mit einer Tasse Tee gemütlich. Begib dich zu deinem Altar und eröffne den heiligen Raum. Entzünde eine Kerze und Räucherwerk und halte nach und nach jedes einzelne Holz darüber. Sprich dazu den folgenden Schutzspruch:

„*Mit diesem Räucherwerk und diesen Hölzern bitte ich um Schutz für mich und meine Liebsten. Mögen alle in diesem Jahr gesund sein und vor Unheil bewahrt bleiben.*"

Wiederhole diesen Spruch bei jedem Holz, bis du alle deine neun Hölzer durchgegangen bist.

Nimm dann deine Kordel und binde die neun Hölzer zusammen. Suche dir dafür einen schönen Platz, vielleicht direkt beim Hauseingang, damit du dich immer an den Schutz erinnerst. Lass das Räucherwerk noch eine Weile brennen, genieße die wohlige Atmosphäre und schließe wieder den heiligen Raum.

Hinweis

Esche hält das Böse fern. Ahorn sorgt für Beständigkeit. Hasel verbindet dich mit der Anderswelt. Linde bringt Schönheit. Buche fördert deine Weisheit. Weide heilt alle Wunden. Eiche schenkt dir Kraft. Birke bringt neuen Schwung. Hollunder erweckt die große Mutter.

MEINE NEUNTE RAUHNACHT

	1	2	3	4	5
Spaß & Freude					
Zeit für mich					
Ruhe & Entspannung					
Sport & Bewegung					
Gesundes Essen					
Gesamtstimmung					

HEUTIGES ORAKEL/ TAGESKARTE:

DAFÜR BIN ICH HEUTE DANKBAR:

TAGESQUALITÄT/ WETTER:

BESONDERE SYMBOLE, BÜCHER, ZEICHEN, ETC.:

WICHTIGE BEGEGNUNGEN:

Fragen für dich

WELCHE TRÄUME UND VORHABEN LIEGEN MIR AM HERZEN, SODASS ICH SIE IN DIE TAT UMSETZEN MÖCHTE?

WELCHE KONKRETEN SCHRITTE MUSS ICH UNTERNEHMEN, UM MEINE TIEFSTEN WÜNSCHE ZU VERWIRKLICHEN?

WELCHE FÖRDERLICHE ANGEWOHNHEIT MÖCHTE ICH IN MEINEN TÄGLICHEN ABLAUF EINBAUEN, UM MEINEM HERZENSWUNSCH NÄHERZUKOMMEN?

HABE ICH IN MEINEM ALLTAG ROUTINEN UND STRUKTUREN, DIE MICH UNTERSTÜTZEN?

MEINE TRÄUME

SCHLAF

	ruhig	unruhig	mehrmals aufgewacht	schlaflose Nacht
Wie habe ich geschlafen?				

DAS WAR HEUTE BESONDERS:

„In jedem Augenblick bin
ich der Schöpfer meines Lebens."

Zehnte Rauhnacht

3. JANUAR

Das Universum lässt mich
an seiner unendlichen Fülle
teilhaben.

OKTOBER

Du bist ein Teil des großen Ganzen

THEMA: DANKBARKEIT UND SINN IM LEBEN

WAS DIE NATUR UNS IM OKTOBER ZEIGT

Im Oktober bietet ein Spaziergang bei Sonnenschein ein unvergessliches Erlebnis: das leuchtende Herbstlaub, das Flattern der Zugvögel und die Kastanien zum Basteln. Die laue Luft vermittelt eine kurze Zeit des Stillstands und lässt uns die Natur in vollen Zügen genießen. Draußen verfärben sich die Blätter in prächtige Herbsttöne, während wir drinnen in warme Wolldecken gekuschelt uns bewusst darüber sind, dass für uns gesorgt ist.

DIE BOTSCHAFT

Die zehnte Rauhnacht erinnert dich an die positiven Seiten des Lebens, die dich Tag für Tag umgeben – auch wenn sie manchmal unscheinbar erscheinen. Oftmals sehen wir nur, was schiefläuft, was wir nicht haben oder was nicht nach unseren Wünschen läuft. Doch wenn du dich stattdessen darauf konzentrierst, dankbar zu sein für das, was du alles hast und wer alles an deinem Leben teilnimmt, ist das viel sinnvoller. Die heutige Rauhnacht hilft dir, die Schönheit und Geschenke des Lebens zu entdecken. Wenn du deine Augen öffnest, siehst du dich täglich vom Zauber der Natur umgeben. Der Ozean, die Berge, die

Flüsse, die Bäume und Blumen – all diese Elemente bilden ein atemberaubendes Ganzes. Und du bist ein Teil davon.

Die heutige Rauhnacht will dich daran erinnern, dass jeder von uns viel zu geben hat – ob es nun gemeinsame Zeit ist, ein Kompliment für einen Freund oder eine liebevolle Geste gegenüber deinem Partner. Es liegt an uns, diese Dinge anzunehmen und weiterzugeben. Indem du deine Dankbarkeit zeigst, schenkst du dem Leben etwas Freude und Wärme zurück. Egal wie klein oder unbedeutend es dir erscheinen mag, jeder Mensch hat etwas zu geben. Es gibt so viele Möglichkeiten, etwas Gutes zu tun. Vielleicht bist du ein guter Zuhörer, ein Macher-Typ, ein Organisationstalent, ein großartiger Lehrer, ein einfühlsamer Therapeut oder du kannst gut reden oder andere motivieren. Deine Fähigkeiten sind Geschenke und du hast sie nicht umsonst bekommen. Auch deine Erfahrungen und Erlebnisse können für andere wertvoll sein.

Vielleicht denkst du, dass deine Talente nicht besonders wertvoll sind oder dass es schon genug Leute gibt, die das Gleiche tun wie du. Aber das stimmt nicht. Jeder Mensch hat eine einzigartige Perspektive und eine besondere Art und Weise, Dinge zu tun. Und es gibt immer Menschen da draußen, die von dem profitieren können, was du zu bieten hast.

Egal was es ist, du hast viel zu geben und kannst damit anderen Menschen helfen und sie glücklicher machen. Indem du deine Gaben teilst, trägst du dazu bei, dass die Welt zu einem besseren Ort wird. Egal was es ist, das du dem Leben schenken kannst – es ist wichtig, dass du es tust! Denn nur so kannst du deinen Platz im Kreislauf des Lebens einnehmen und einen Beitrag zur Welt leisten. Du wirst erstaunt sein, wie viel Glück und Erfüllung es dir bringt!

Die zehnte Rauhnacht ist der perfekte Anlass, deine Dankbarkeit für alles Schöne im Leben zu zeigen und deinen Lieben um dich herum einmal danke zu sagen.

RITUAL FÜR DIE ZEHNTE RAUHNACHT

EIN DANK AN MUTTER ERDE

Die Natur bietet dir jederzeit eine Fülle an Schätzen. Mutter Erde hat dir ein Heim gewährt, seitdem du das erste Mal geatmet hast, und sie wird bis zu deinem letzten Atemzug an deiner Seite sein. Sie versorgt dich, unterstützt dich und bereichert dich mit ihrer beeindruckenden Fülle. Mit diesem Ritual drücke Mutter Natur deine Dankbarkeit aus.

DU BENÖTIGST:

◊ Karotten, Äpfel, Nüsse, Samen ...
◊ festes Schuhwerk und
warme Kleidung

Nimm dir einen Beutel und fülle ihn mit ein paar Karotten, Äpfeln (am besten bereits geschnitten), Nüssen und Samen. Gehe nun raus in die Natur und genieße einen wunderschönen Spaziergang. Atme die frische Luft ein und sammle ein paar Blätter, Tannenzapfen und Zweige. Erforsche ihre Texturen und entdecke den Zauber, der sich in ihnen verbirgt.

Finde nun einen geeigneten Platz auf einer Wiese, im Park oder in deinem Garten und eröffne dir deinen eigenen heiligen Raum (auch nur in Gedanken). Nutze jetzt deine Fundstücke, die Karotten, Äpfel, Nüsse und Samen, um ein faszinierendes Mandala zu kreieren. Lass dich dabei von der Schönheit der Natur inspirieren und erschaffe etwas Einzigartiges und Besonderes.

Dies wird nicht nur dich erfreuen, sondern auch alle anderen, die an diesem Ort vorbeikommen. Dein Kunstwerk lädt dazu ein, innezuhalten und zu verweilen. Nimm dir Zeit, um es zu betrachten, bevor du den heiligen Raum wieder schließt.

Wenn du in den nächsten Tagen erneut vorbeikommst, wirst du möglicherweise bemerken, dass sich etwas verändert hat. Vielleicht hat jemand oder etwas es durcheinandergebracht, etwas hinzugefügt oder verändert. Dies macht dein Kunstwerk noch lebendiger und spannender.

MEINE ZEHNTE RAUHNACHT

	1	2	3	4	5
Spaß & Freude					
Zeit für mich					
Ruhe & Entspannung					
Sport & Bewegung					
Gesundes Essen					
Gesamtstimmung					

HEUTIGES ORAKEL/ TAGESKARTE:

DAFÜR BIN ICH HEUTE DANKBAR:

TAGESQUALITÄT/ WETTER:

BESONDERE SYMBOLE, BÜCHER, ZEICHEN, ETC.:

WICHTIGE BEGEGNUNGEN:

Fragen für dich

WOFÜR IN MEINEM LEBEN BIN ICH VON HERZEN DANKBAR?

WELCHE PERSONEN HABEN MIR IN MEINEM LEBEN GEHOLFEN UND SIND BESONDERS WERTVOLL FÜR MICH?

WELCHE FÄHIGKEITEN UND ERFAHRUNGEN HABE ICH, DIE ICH GERNE MIT ANDEREN TEILEN MÖCHTE?

WIE KANN ICH ANDEREN HELFEN, OHNE MEINE EIGENEN BEDÜRFNISSE ZU VERNACHLÄSSIGEN?

WAS LIEBE ICH AN MEINEM LEBEN?
WOFÜR BIN ICH DANKBAR?

WELCHE MENSCHEN HABEN MIR GEHOLFEN
UND SIND ETWAS BESONDERES FÜR MICH?
WAS KANN UND WILL ICH AN ANDERE
MENSCHEN WEITERGEBEN?

WIE KANN ICH ANDEREN HELFEN, OHNE MEINE EIGENEN BEDÜRFNISSE ZU UNTERDRÜCKEN?

WIE KANN ICH MEINE ERFAHRUNGEN AN ANDERE MENSCHEN WEITERGEBEN?

WIE KANN ICH GROSSZÜGIG SEIN?

MEINE TRÄUME

SCHLAF

	ruhig	unruhig	mehrmals aufgewacht	schlaflose Nacht
Wie habe ich geschlafen?				

DAS WAR HEUTE BESONDERS:

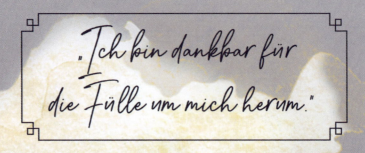

„Ich bin dankbar für
die Fülle um mich herum."

Elfte Rauhnacht

4. JANUAR

Ich verbinde mich mit der
Liebe um mich herum

NOVEMBER

Ich vertraue und lasse los

THEMA: LOSLASSEN UND VERBINDUNG MIT DEN AHNEN

WAS DIE NATUR UNS IM NOVEMBER ZEIGT

Im November hüllt sich die Welt oft in einen nebligen Schleier, der ihr ein fast gespenstisches Aussehen verleiht. Die Natur rüstet sich langsam für die kalte Jahreszeit. Dort, wo das Herbstlaub noch an den Bäumen hängt, sorgen Novemberfröste dafür, dass es schließlich zu Boden fällt. Doch die Dunkelheit des Novembers lädt uns auch dazu ein, uns zu entspannen und zur Ruhe zu kommen. Denn in der Stille und Abgeschiedenheit können wir uns auf das Wesentliche besinnen. Alles hat seine Zeit und vergeht, doch der Samen beinhaltet die Essenz all dessen, was für das Entstehen neuen Lebens erforderlich ist.

DIE BOTSCHAFT

In der elften Rauhnacht ist es wichtig, dir bewusst zu machen, dass die magisch-mystische Zeit der Rauhnächte zu Ende geht und bald der normale Alltag wieder beginnt. Erkenne, dass alles in einem stetigen Wandel begriffen ist und sich irgendwann verändern wird. Es ist eine unumstößliche Tatsache des Lebens: Alles geht irgendwann. Menschen kommen und gehen, Dinge gehen kaputt, Erinnerungen verblassen. Es kann schwer sein, sich damit abzufinden, aber es ist wichtig zu akzeptieren, dass Veränderungen unausweichlich sind.

Heute in der elften Rauhnacht ist die Grenze zwischen der unsichtbaren und der sichtbaren Welt noch einmal besonders durchlässig. Deine Vorfahren laden dich ein, mit ihnen in Kontakt zu treten. Sie stehen dir tröstend zur Seite und begleiten dich bei deinem Prozess, denn sie wissen, wenn du dich von etwas trennen musst, das dir viel bedeutet hat, kann das schmerzhaft sein.

Auch wenn es manchmal schwerfällt, loszulassen und sich auf Veränderungen einzulassen, kann es sehr befreiend sein. Wenn du das Gefühl hast, dass du in einer Sackgasse steckst, oder dich unglücklich fühlst, solltest du nicht zögern, Veränderungen anzustreben. Vielleicht gibt es neue Möglichkeiten und Chancen, die dir bisher verborgen geblieben sind.

Es lohnt sich immer, offen für Neues zu sein und den Mut zu haben, alte Gewohnheiten und Denkmuster hinter sich zu lassen. Es ist möglicherweise viel passiert in diesen Rauhnächten, der Zeit der inneren Einkehr, des sich Besinnens, Träumens und Orakelns. Nutze die Energie dieser Rauhnacht, um nochmal alles, was sich an Blockaden und Hindernissen in den letzten Tagen gezeigt hat, endgültig

zu verabschieden. Blicke ein letztes Mal in die Vergangenheit, um schließlich völlig frei in dein neues Jahr zu starten.

Sei bereit loszulassen, wenn es notwendig ist. Denn manchmal ist das der einzige Weg, vorwärts zu kommen. Was bleibt, bist noch immer du selbst: deine Talente und Fähigkeiten, deine Persönlichkeit und deine Werte, dein innerer Kern und deine Identität. Lausche heute der Weisheit deiner Ahnen, sie flüstern dir unermüdlich zu: *„Sei gut zu dir selbst und lebe dein Leben so, wie es dir entspricht. Nimm dir Zeit für die Dinge, die dir Freude bereiten, und erschaffe dir ein Leben, von dem du träumst. Du hast mehr Einfluss, als du dir vorstellen kannst."*

RITUAL FÜR DIE ELFTE RAUHNACHT

KEHRAUS

In den Rauhnächten, dieser Phase der inneren Reflexion, des Nachdenkens, Träumens und Zurückblickens, mag so einiges geschehen sein. Alles, was noch übrig ist und nicht mehr relevant ist, was dich in deiner Lebensfreude in diesem noch so jungen Jahr behindert, kannst du durch dieses Ritual loswerden. Befreie dich endgültig von altem Ballast, damit du frei und unbeschwert in das Jahr starten kannst! Schaffe Platz für neue Erfahrungen und positive Energien.

DU BENÖTIGST:
◊ Räucherwerk
◊ Feuerzeug oder Streichhölzer
◊ Kehrschaufel und Besen
◊ festes Schuhwerk und warme Kleidung

Lege alle Utensilien bereit und nimm erst mal ein paar bewusste, tiefe Atemzüge.

Öffne deinen heiligen Raum und entzünde dein Räucherwerk. Es entsteht ein intensiver Pflanzenrauch. Lasse den Rauch emporsteigen und schicke alles, was du nicht mehr brauchst, mit einer schwungvollen Handbewegung aus einem weit geöffneten Fenster hinaus.

Dann nimm deinen Besen zur Hand und beginne mit der Reinigung. Kehre alle Ecken und Winkel gründlich aus und achte dabei darauf, dass du auch symbolisch alles Negative aus deinem Leben fegst. Gut ist es, die Räume im Uhrzeigersinn von außen nach innen zu kehren.

Bist du in der Mitte angekommen, dann fege alles, was materiell ist, auf eine Kehrschaufel, mit dem Gedanken im Kopf, dass der energetische Müll mitgekehrt wird. Der „Abfall", ob materiell oder energetisch, war einst etwas, das lebendige Essenz besaß. Nur weil sich Brotreste, Haare, Fasern oder Überbleibsel von Kaffeepulver, Zucker oder Mehl auf deinem Handfeger befinden, bedeutet das nicht, dass sie schlecht oder negativ sind. Es handelt sich um kleine Nebenprodukte von Dingen, die du oder die Menschen, mit denen du zusammenlebst, einmal genutzt oder benötigt haben.

Genauso ist es mit dem „energetischen Abfall": Alte Gewohnheiten, Überzeugungen, Ärger, Emotionen, die im Leben nun keinen Raum mehr haben, waren ein Teil deines Daseins und hatten irgendwo ihren Nutzen. Es ist deshalb wichtig, damit respektvoll umzugehen.

Entferne sämtliche Gegenstände aus Plastik oder Kunststoff und entsorge sie ordnungsgemäß im Hausmüll. Anschließend gib einen Teil von deiner Kehrschaufel in einen separaten Beutel. Beim Verlassen deines Hauses sei dir bewusst, dass du, sobald du die Türschwelle überschreitest nun alles, was du nicht mehr benötigst, loslässt. Dann suche einen geeigneten Platz in der Natur, übergib den Staub und alles, was damit verbunden ist, der Erde und sage: „Vorbei, verwandelt, befreit".

Nimm Abschied von all dem, was du nicht mehr benötigst. Dann schicke einige gute Wünsche oder einen kleinen Dank hinterher. Dreh dich um und gehe wieder zurück in dein Leben, ohne dich noch einmal umzusehen. Spüre die Erleichterung.

Alternative:

DU BENÖTIGST:

◊ Kerze
◊ Edelsteine und Fundstücke
◊ Räucherwerk: Wacholderbeeren
  (Wacholder soll Tote wieder zum
  Leben erwecken)
◊ Feuerzeug oder Streichhölzer
◊ Getränk deiner Wahl, z. B. Tee
  oder Wein
◊ Orakelkarten

Bereite den Ritualplatz vor, indem du die Kerze in die Mitte stellst und ein paar Edelsteine oder Fundstücke der letzten Tage außenherum platzierst. Mach es dir gemütlich und spüre einfach. Eröffne deinen heiligen Raum und finde einen ruhigen gleichmäßigen Atem, der dich ankommen lässt. Wie ist es, eingewoben und eingehüllt im großen dunklen Kosmos zu sein? Lass dich trösten von dieser dunklen Stille. Du kannst dich nun ausruhen, es fühlt sich an wie ein großes Ausatmen.

Sprich dann folgende Worte:

„All ihr Spirits um mich herum, meine Ahnen, ich bitte euch, seid heute bei mir, ihr seid die Wege gegangen, die ich nun gehe. Ich bitte euch, seid meine Lehrer und lasst mir eine Botschaft zukommen."

Fühle, wie die Ahnen zu dir kommen, meist wird die Energie im Raum dann etwas dichter. Vielleicht kannst du ein leichtes Kribbeln spüren, manchmal flackert die Kerze ein wenig. Nimm dein Glas, schenke dir etwas ein und trink zusammen mit den Ahnen. Lege dann die Orakelkarten aus und ziehe deine Botschaft. Dies wird für die nächsten Monate deine Begleitung sein. Sage dazu:

„Meine Ahnen, ich bin bereit, eure Botschaft zu empfangen. Bitte zeigt mir den neuen Weg ..."

Wenn du deine Botschaft erhalten hast, lasse den Abend gemütlich ausklingen und schließe den heiligen Raum. Wenn du möchtest, stelle heute zum Dank an die Ahnen einen Teller mit Leckereien vor die Haustür.

MEINE ELFTE RAUHNACHT

	1	2	3	4	5
Spaß & Freude					
Zeit für mich					
Ruhe & Entspannung					
Sport & Bewegung					
Gesundes Essen					
Gesamtstimmung					

HEUTIGES ORAKEL/ TAGESKARTE:

DAFÜR BIN ICH HEUTE DANKBAR:

TAGESQUALITÄT/ WETTER:

BESONDERE SYMBOLE, BÜCHER, ZEICHEN, ETC.:

WICHTIGE BEGEGNUNGEN:

Fragen für dich

WAS IST ENDGÜLTIG ABGESCHLOSSEN UND SOLLTE LOSGELASSEN WERDEN?

GIBT ES NOCH JEMANDEN AUS MEINER VERGANGENHEIT, DEN ICH NICHT VERGESSEN KANN?

WELCHE HERAUSFORDERUNGEN HABEN MICH GESTÄRKT UND MICH ZU DER PERSON GEMACHT, DIE ICH JETZT BIN?

WELCHE SCHRITTE HABE ICH UNTERNOMMEN, UM MENTAL UND EMOTIONAL STARK ZU BLEIBEN?

MEINE TRÄUME

SCHLAF

	ruhig	unruhig	mehrmals aufgewacht	schlaflose Nacht
Wie habe ich geschlafen?				

DAS WAR HEUTE BESONDERS:

„Ich vertraue dem Leben
und lasse los."

Zwölfte Rauhnacht

5. JANUAR

Wunder erleben diejenigen,
die an Wunder glauben.

Lass in deinem Leben Raum für Wunder

THEMA: WUNDER UND MAGIE

WAS DIE NATUR UNS IM DEZEMBER ZEIGT

Der Dezember hat seinen ganz eigenen Zauber. Kerzenlicht, funkelnde Sterne, duftende Räuchermännchen, festliches Tannengrün, märchenhafte Geschichten und eisige Kälte prägen die Adventszeit. In den langen, dunklen Nächten neigen wir dazu, uns intensiv unseren Träumen hinzugeben. Im Dezember strahlen die Sterne häufig besonders hell und lenken unsere Aufmerksamkeit auf das unendliche Universum. Und genau hier schließt sich der Kreis mit dem bedeutungsvollen Ereignis der Wintersonnenwende.

DIE BOTSCHAFT

Der letzte Rauhnacht ist eine ganz besondere Nacht, die eine magische Atmosphäre verspricht und den Weg in dein neues Jahr einläutet. Du kannst bereits das zunehmende Sonnenlicht spüren und ganz zaghaft beginnen die Tage länger zu werden! Deshalb wird diese Rauhnacht auch *„Nacht der Wunder"* genannt. Wunder geschehen meist in den unscheinbarsten Momenten. Kannst du sie wahrnehmen? Die Sonne am Horizont, das Glitzern der Sterne am Nachthimmel, das Lächeln eines Kindes, die Liebe in den Augen deiner Liebsten. Lasse dich ein letztes Mal von der friedlichen Stimmung der Rauhnächte verzaubern.

Nimm dir heute bewusst noch einmal eine Auszeit an deinem Altar oder in der Natur. Genieße ein leckeres Getränk, kuschle dich in eine Decke und entzünde Kerzen und Räucherwerk. All diese Dinge sind ein Geschenk und erinnern uns daran, dass das Leben voller Magie ist. Vielleicht hast du schon einmal erlebt, dass sich scheinbar aus dem Nichts eine Lösung für ein Problem ergibt oder dass sich eine Tür öffnet, die dir bisher verschlossen schien. Oder du hast einen Menschen kennengelernt, der genau in diesem Moment in dein Leben getreten ist, als du ihn gebraucht hast. All diese Ereignisse sind keine Zufälle, sondern Teil eines größeren Plans. Alles geschieht zur richtigen Zeit und am richtigen Ort. Wenn du dich darauf einlassen kannst und Vertrauen hast, dann sind wahre Wunder möglich.

Die letzte Rauhnacht möchte dich daran erinnern, jeden Augenblick und jede Erfahrung als Geschenk zu betrachten – egal ob im Berufsleben, der Beziehung oder im Bezug auf die Gesundheit. Alles, was passiert, hat einen Sinn, ob du es nun verstehst oder nicht. Lerne anzuerkennen, dass du nicht alles kontrollieren kannst, und trete dem Leben mit offener Haltung entgegen – ohne Vorurteile oder Bedingungen. Diese Einstellung ermöglicht es dir, immer wieder neue Wege auszuprobieren und in deiner Vision anzukommen.

Die letzte Rauhnacht bittet dich um Vertrauen. Bedenke stets: Wenn du ausschließlich auf das Ergebnis fokussiert bist und die Reise dorthin ignorierst, wirst du niemals die Antworten finden, nach denen du suchst. Denn die Lösung liegt im Prozess selbst. So wirst du inneren Frieden finden und jedem Tag mit Freude und Leichtigkeit begegnen. Also sei offen für das Unvorhergesehene, vertraue darauf, dass alles zur richtigen Zeit kommt, auch wenn es manchmal anders aussieht, und sieh Wunder!

RITUAL FÜR DIE ZWÖLFTE RAUHNACHT

VERTRAUEN INS UNIVERSUM

Dieses Ritual ist eine wunderbare Möglichkeit, um deinen größten Wunsch für das kommende Jahr zu manifestieren. Indem du dein Vertrauen in das Universum ausdrückst, öffnest du dich für die Fülle und das Glück, die auf dich warten.

DU BENÖTIGST:

◊ Kerze
◊ Feuerzeug oder Streichhölzer
◊ Lorbeerblätter
◊ Stift
◊ feuerfeste Schale
◊ kleine Schaufel (ein Löffel unktioniert auch)

Stelle die Kerze vor dich und entzünde sie. Blicke einige Momente lang in die Flamme.

Lege die Lorbeerblätter in einem Kreis um die Kerze. Nimm ein paar beruhigende Atemzüge. Verbinde dich mit der Erde, spüre ihren Halt und ebenso öffne dich der Unendlichkeit des Universums.

Nun wähle ein großes und schönes Lorbeerblatt aus, halte es in deinen Händen und denke an deine Vision, die du in den Rauhnächten empfangen hast. Notiere darauf deinen größten Wunsch, deine Vision. Nimm dir Zeit, um darüber nachzudenken, und wähle deine Worte sorgfältig aus.

Lorbeer zieht ganz magisch Glück und Segen an. Tauche dabei vollständig in das Gefühl ein, das du empfinden wirst, sobald dein Wunsch in Erfüllung geht.

Anschließend zünde das Lorbeerblatt an und übergebe deinen Wunsch voller Vertrauen an das Universum. Sprich dabei diese Worte:

„Ich übergebe meinen Wunsch an das Universum und vertraue darauf, dass er in Erfüllung geht. Ich bin dankbar für alles, was ich bereits habe, und freue mich auf die kommenden Abenteuer.“

Lasse das Lorbeerblatt vollständig abbrennen und spüre die Leichtigkeit und Freude, die dich dabei durchströmen.

Bring dann die Asche des Lorbeerblatts zurück in die Natur. Grabe dazu z. B. im Garten ein kleines Loch und fülle die Asche hinein. Lege die übrigen Lorbeerblätter darauf und verschütte das Loch wieder. Dein Wunsch ist nun im Universum angekommen – halte Ausschau nach den Zeichen. Bleibe offen für alle Möglichkeiten und glaube daran: **Alles kommt zur richtigen Zeit!**

MEINE ZWÖLFTE RAUHNACHT

	1	2	3	4	5
Spaß & Freude					
Zeit für mich					
Ruhe & Entspannung					
Sport & Bewegung					
Gesundes Essen					
Gesamtstimmung					

**HEUTIGES ORAKEL/
TAGESKARTE:**

**DAFÜR BIN ICH
HEUTE DANKBAR:**

**TAGESQUALITÄT/
WETTER:**

**BESONDERE
SYMBOLE, BÜCHER,
ZEICHEN, ETC.:**

**WICHTIGE
BEGEGNUNGEN:**

Fragen für dich

KANN ICH DEN ROTEN FADEN DER RAUHNÄCHTE FÜR MICH SEHEN?

HABE ICH VERTRAUEN IN MEINEN NEUEN LEBENSWEG?

WIE KANN ICH DIE VERBINDUNG ZUR INNEREN WEISHEIT IM ALLTAG HALTEN?

WELCHE ERKENNTNIS MÖCHTE ICH AUS DEN RAUHNÄCHTEN MITNEHMEN?

MEINE TRÄUME

SCHLAF

	ruhig	unruhig	mehrmals aufgewacht	schlaflose Nacht
Wie habe ich geschlafen?				

DAS WAR HEUTE BESONDERS:

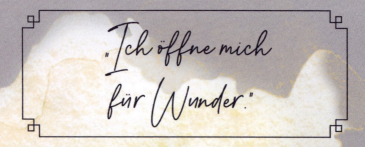

„Ich öffne mich für Wunder."

Flieg hinein in den Zauber deiner Zukunft

Nach den Rauhnächten ist es an der Zeit, behutsam wieder in den Alltag zurückzukehren. Jetzt bist du bereit, das Wunder des Lebens zu erleben, das bereits voller Sehnsucht auf dich wartet. Doch lasse vorher die letzten Tage Revue passieren und sei dankbar für die liebevolle Zuwendung, die du dir selbst geschenkt hast.

In den letzten Tagen hast du alles vorbereitet, du hast eine Entscheidung getroffen – eine Entscheidung für dich. In den Rauhnächten hat sich vieles im Inneren verändert und du hast dich auf die Energie des neuen Jahres eingelassen. Möglicherweise hast du die letzten Tage und Nächte sehr intensiv erlebt, wertvolle Erfahrungen gemacht, inspirierende Begegnungen gehabt und neue Erkenntnisse gewonnen. All dies unterstützt dich darin, deinen Weg im Alltag weiter zu gehen und dein Leben nach deinen Vorstellungen zu gestalten. Alles, was du wissen musst, hast du in den letzten Tagen erfahren und trägst du längst in dir.

Du bist nun bestens ausgerüstet, und es ist wichtig, dass du noch einen wichtigen Schritt machst: dir selbst zu vertrauen und deinem Herzen zu folgen. Die Rauhnächte haben dir gezeigt, dass Veränderungen möglich sind und dass du die Kraft hast, diese umzusetzen. Den Mut, einen eigenen Weg zu gehen, hat jeder Mensch in sich – aber ich weiß, es ist nicht immer leicht. Es bedeutet, die Verantwortung für dein Leben selbst zu tragen und Entscheidungen zu treffen, die dich am meisten weiterbringen. Dazu musst du nicht nur deinem Herzen folgen, sondern dir auch trauen, deine innere Weisheit anzuwenden. Es kann sein, dass du dabei auch mal aus der Komfortzone herauskommen und Risiken eingehen musst. Dein Verstand sagt dir: *„Du kannst es nicht"*, doch deine Seele flüstert leise: *„Vertraue!"*.

In eben diesen schwierigen Momenten helfen dir die Erkenntnisse der Rauhnächte weiter: Erlaube dir, dich nochmals mit deinen Aufzeichnungen zurückzuziehen und darin zu blättern. Dies wird dich stärken und dir den nötigen Mut geben. Denke daran: All deine gewonnenen Erkenntnisse möchten langsam verinnerlicht werden und benötigen vielleicht ein paar Tage oder Monate, um sich zu festigen.

Nimm dir Zeit, um behutsam ins neue Jahr zu starten, und entdecke den Rhythmus, der mit deinem Wesen harmoniert. Es ist essentiell, nichts zu überhasten, da wir uns im Januar befinden. Energetisch gesehen, war dies deine erste Rauhnacht, die Nacht der Stille. Nutze diesen Monat wei-

terhin, um dich zu sammeln und zu regenerieren, bevor du dann kraftvoll in der wärmeren Jahreszeit durchstartest.

Ich wünsche dir die Kraft und den Mut, deiner inneren Stimme zu folgen und dein Leben auf eine Weise zu gestalten, die dich jeden Abend mit einem zufriedenen Lächeln im Gesicht zurückblicken lässt. Vertraue auf deine Fähigkeiten! Das neue Jahr bringt viele Möglichkeiten mit sich – nutze sie, um dein Leben zu gestalten und deine Träume zu verwirklichen. Ich wünsche dir alles Gute für das kommende Jahr!

Deine Beate

ÜBER DIE AUTORIN

Beate Tschirch ist Yoga- und Meditationslehrerin, Trainerin für female Empowerment und Coach für Seelenberufung. Energie zu sehen und zu spüren, war eines der Dinge, die Beate schon als Kind begeisterten. So begann sie schon 1998 mit Seminaren und Ausbildungen in verschiedenen spirituellen Traditionen. Ihr Wissen auf den Gebieten Meditation, Transformation, Medialität und vielem mehr gibt sie in ihrem Podcast *„Sparkle and Shine"* und in Form von Seminaren, Workshops, Retreats und Online-Kursen weiter. Beate unterstützt Menschen dabei, ihr Potenzial zu entfalten und an ihre Stärken zu glauben – damit etwas Großartiges entsteht.

MEHR ÜBER DIE AUTORIN UNTER:
@beatetschirch
www.beatetschirch.de

Mehr von der Autorin

Kartenbox: Rituale für die Seele – 64 Karten für spirituelle Kraft und Energie

GTIN 4260478342255
14,99 € (D/A)

Kraft- und Natur-Rituale für die Seele

ISBN 978-3-7459-1340-8
22,00 € (D) / 22,70 € (A)

IMPRESSUM

Bibliografische Information der Deutschen Bibliothek.

Die Deutsche Bibliothek verzeichnet diese Publikation in der Deutschen Nationalbibliografie.
Detaillierte bibliografische Daten sind im Internet über http://www.dnb.de/ abrufbar.

EIN BUCH DER EDITION MICHAEL FISCHER

1. Auflage 2023

© 2023 Edition Michael Fischer GmbH, Donnersbergstr. 7, 86859 Igling

Covergestaltung, Layout und Satz: Alexandra Wolf
Redaktion und Lektorat: Judith Wiedemann
Bilder: © Beate Tschirch (S. 2/3, 31, 57, 61, 64, 99, 129, 149, 159, 173, 191)
Shutterstock: © Natali _ Mis (S. 119)
Unsplash: © petr sidorov (S. 29), © Tom Barrett (S. 35), © Casey Horner (S. 45), © Kitera Dent (S. 65, 75, 85, 95, 105, 115, 125, 135, 145, 155, 167, 179), © Tiffany Nutt (S. 89)
Illustrationen: Shutterstock: © Neti. OneLove (Umschlag), © Valedi (Vor- und Nachsatz), © Color Brush (Ast), © Vikeriya (Blätterzweig), © Vik Y (gelbe Landschaft), © krisArt (Bäume), © Jolliolly (Landschaft mit Wald und See), © Dinkoobraz (Bäume), © Marina Malades (Blüten, Mond, Sterne), © WinWin artlab (Icons), © Golden Shrimp (Vögel), © Safina Irina (Kerzen, Schmetterling), © Artnizu (Tannen), © KOYPIC (Papierhintergrund), © meine.illustrations (Frigg), © YanaPie (Edelsteine), © Yuliya Derbisheva VLG (Räuchern), © Xenia Denisova (Kerze), © anitapol (Salbei), © Jennifer S. Lange (Drei Nornen), © valueinvestor81 (Münzen), © ekosuwandono (Waage), © Mis vector (Badewanne)

ISBN 978-3-7459-1887-8

Gedruckt bei PNB Print SIA „Jansili", Silakrogs, Ropazu novads, LV-2133, Lettland

www.emf-verlag.de